JIYU ZHAGEN LILUN DE JIJI ZHIYA
GAOYUAN LILUN JIANGOU YU SHIZHENG YANJIU

基于扎根理论的积极职涯 高原理论建构与实证研究

马永刚　著

东北师范大学出版社
NORTHEAST NORMAL UNIVERSITY PRESS

图书在版编目(CIP)数据

基于扎根理论的积极职涯高原理论建构与实证研究/
马永刚著.—长春:东北师范大学出版社,2021.5
ISBN 978-7-5681-8086-3

Ⅰ.①基… Ⅱ.①马… Ⅲ.①企业管理－人事管理
Ⅳ.①F272.92

中国版本图书馆 CIP 数据核字(2021)第 091554 号

□责任编辑:卢 焱　□封面设计:王 茜
□责任校对:赵 丹　□责任印刷:许 冰

东北师范大学出版社出版发行
长春净月经济开发区金宝街 118 号(邮政编码:130117)
电话:0431-84568024
北京澳湘博图文设计有限公司制版
三河市嵩川印刷有限公司印装
河北省三河市杨庄镇肖庄子
2021 年 5 月第 1 版,2021 年 5 月第 1 次印刷
幅面尺寸:170 mm×240 mm
印张:10.5　字数:186 千

定价:48.00 元

序　言

随着全球技术革新与组织变革步伐的加快,组织扁平化与职业专业化水平不断提高,使得组织中越来越多的员工面临层级高原和工作内容高原的"双高原"困境。并且这种态势甚至在个体职业生涯的早期阶段就已出现,这意味着组织中大部分员工将成为职涯高原员工。因此,组织比以往更加关注和重视员工的职涯高原管理。通常职涯高原员工在组织内现有岗位上工作任期相对较长,往往工作技能较为娴熟,并且拥有较高的组织承诺和工作绩效。然而,由于"彼得原理"和"高原"刻板印象的存在,高原员工往往被视为是低承诺、低满意、低绩效、高离职的"无效员工"。一些企业甚至出现"冷落"高原员工的现象,无论是在资源还是发展机会等方面的提供上都出现了对高原员工的不公正待遇,使高原员工逐渐被组织边缘化。面对这一现象,难道职涯高原员工真的是缺乏积极性的"无效员工"?事实上,现实正如 Ference 指出的,构成组织"中流砥柱"的大部分员工是积极的高原员工,他们是组织有效运转的关键。因此,组织需要重新认识高原员工的价值和能力,发掘其积极的工作态度和行为,将有助于组织整体效能的提升。

通过对职涯高原以往文献的回顾,本研究发现职涯高原受到学界的普遍关注,是一个充满争议的研究主题。以往职涯高原研究存在的问题主要集中在三个方面:一是概念界定上的偏执,即大部分研究将职涯高原视为一个带有负面性质的词汇;二是研究结果上的矛盾,即职涯高原的结果存在正负两面不同的结论,且没有得到统一的解释;三是职涯高原主动应对研究的缺失,即大部分文献沿循"职涯高原刺激—反应"这一模式开展研究,缺乏积极、主动应对高原的研究。以上研究中提到的"职涯高原"与职涯高原概念的提出者 Ference 一再强调的职涯高原是一个"中性"词汇,其结果并不意味着绩效的下滑,工作士气的降低等。职涯高原作为一种刺激或者压力源,其结果取决于个体所采取的应对措施与反应。正如 Bardwick 所指出的,积极的高原应对不仅有助于个体跳出职涯高原"陷阱",而且有助于个体和组织绩效的提升。

基于以上问题,本研究立足于本土理论与经验,提出积极职涯高原的概念。主要目的旨在回答以下三个问题:第一,积极职涯高原的内涵和维度是什么? 第二,积极职涯高原如何测量? 第三,积极职涯高原的形成机制是什么? 为了回答以上三个问题,本研究将采用定性和定量相结合的研究策略。首先,运用扎根理论方法基于经验,归纳、建构积极职涯高原的概念框架,旨在从理论上解释与回答积极职涯高原现象及其形成机理。其次,根据扎根理论形成的积极职涯高原概念内涵,结合现有文献和量表构建积极职涯高原量表题库,并使用项目分析、探索性和验证性因子分析对积极职涯高原概念结构进行验证,旨在从经验观察上进一步确定具有信度、效度的积极职涯高原概念结构与维度。最后采用实证研究方法,从实证概括上对积极职涯高原的形成机理进行检验与验证。为此,本研究将分为以下三部分内容:

第一,积极职涯高原及其形成机制的理论建构。主要采用扎根理论方法,结合目的性抽样和理论抽样先后抽取国企、私企以及外资和行政事业单位基层及以上管理者 13 人,并对访谈形成的文字稿进行开放编码、主轴编码和选择性编码。编码形成 266 个代码、84 个概念、26 个范畴、8 个主范畴,并撰写故事线,最终形成积极职涯高原及其形成机制这一核心范畴。结果发现积极职涯高原由目标规划、持续学习、推己及人、己立立人和知足惜福 5 个主范畴构成。主管支持和家庭支持 2 个主范畴构成积极职涯高原的影响因素,而组织自尊主范畴构成积极职涯高原的形成机制。

第二,积极职涯高原量表的编制。首先,根据扎根理论形成的积极职涯高原概念及内涵,结合相关文献与专家访谈,形成 5 维度 73 条目积极职涯高原项目题库。然后,通过先后对 213 名高原期管理者的被试数据和 263 名高原期管理者的被试数据进行探索性因子分析,初步验证了积极职涯高原的构思效度。在此基础上,进一步通过 361 名高原期管理者的被试数据进行验证性因子分析,结果发现积极职涯高原为 5 维度 19 条目量表,二阶一因子(积极职涯高原)、一阶五因子(包括目标规划、持续学习、推己及人、己立立人与知足惜福)构念模型拟合最优,并具有良好的信度、收敛和区分效度。进一步对积极职涯高原量表进行人口统计特质分析,发现年龄与积极职涯高原 5 维度均存在显著的相关关系,而工作任期仅与己立立人维度存在显著的正相关。另外,性别、学历在积极职涯高原 5 维度上均不存在显著差异,而单位性质上,发现相对于行政事业单位,国企和民营企业员工在己立立人和推己及人水平上相对较低;在职级上,发现相较于普通员工,基层、中层和高层管理者持续学习和己立立人水平更高。

第三,积极职涯高原形成机制的实证研究。根据扎根理论形成的积极职涯高原理论框架,结合相关文献提出研究假设与模型框架,通过对 240 名职涯高原期管理者的被试数据进行统计分析,研究结果显示:主管支持和家庭支持对积极职涯高原具有显著的促进作用,并且相对于家庭支持,主管支持解释了更多的积极职涯高原变异。此外,组织自尊在主管支持和积极职涯高原之间起着显著的中介作用,部分中介了主管支持对积极职涯高原的影响。但是,组织自尊在家庭支持和积极职涯高原之间的中介效应不显著。最后,工作任期和内容高原的交互项在主管支持和组织自尊之间起着正向的调节作用。

本研究的创新点主要表现在:其一,基于本土情景,运用扎根理论方法构建积极职涯高原理论框架,为积极职涯高原现象提供了相应的理论解释,从而一方面拓展了职涯高原的研究范围,为职涯高原的积极应对提供了理论启示与参考。另一方面,积极职涯高原的理论建构有别于传统职涯高原压力反应的被动视角,将有助于进一步丰富职涯高原及其管理的相关理论。其二,开发并验证了积极职涯高原量表,为积极职涯高原的测量提供了具有良好信度和效度的工具。一方面可以作为进一步研究积极职涯高原影响因素及效果的有效工具。另一方面对于识别、甄选积极职涯高原员工具有重要的应用价值。其三,验证了积极职涯高原的影响因素及形成机制。一方面从经验上为积极职涯高原的解释提供了有力的证据;另一方面主管支持、家庭支持对积极职涯高原的影响,以及组织自尊的中介效果验证,为积极职涯高原员工的开发与管理提供了相应的决策依据。

目　　录

第一章　职涯高原研究的回顾与反思

第一节　国外职涯高原研究鸟瞰与显微

一、宏观视野：国外职涯高原引文分析

本研究对职涯高原核心词汇"Career Plateau""Job Content Plateau""Hierarchical Plateau""Structural Plateau""Professional Plateau"等在 Web of Science 及 Google 学术中进行检索，共检索文献 272 篇。如图 1-1 所示，从发文数量来看，1977—2019 年职涯高原发文数量基本呈逐年增长趋势，显然该主题日益受到学界的关注。从文献被引来看，总被引和年均被引较高的文献集中于 2009 年以前。从总被引曲线的几个重要峰值来看，分别对应的高被引文献有 Ference 等(1977)、Bardwick(1986)、Slocum 等(1985)、Veiga(1981)、Chao(1990)、Allen 等(1999)、Nachbagauer 等(2002)、Tremblay 和 Roger(1993)以及 Lee(2003)等。以上高被引文献构成了职涯高原研究领域的知识基础和理论发展脉络。

为进一步辨识与获取职涯高原领域的经典文献，以更准确、全面地对该领域进行梳理和回顾。本研究运用 Histcite 12.03 文献计量工具对检索到的引文索引数据进行计量分析。根据分析结果，最终选取该领域本地被引得分[①]前 40 和本地引用得分[②]前 15 的文献共 55 篇。为了防止重要文献的遗漏，进一步对引文数据进

---

① 本地被引得分(Local Cited References)是指该研究在当前文献数据集中的被引频次，被引频次越高，说明该研究得到该领域专家的认可度就越高，也就越重要(李瑞波等，2015)。

② 本地引用得分(Local Citation Score)是指该研究参考文献中所引用的当前文献数据集中文献的数量，引用数量越多，说明该研究越有可能是该领域的综述性研究(李瑞波等，2015)。

行参考文献分析,并根据被引频次从中选取与主题相关的重要遗漏文献 15 篇,以对该领域近期文献进行补充。通过对遴选到的核心文献进行回顾与梳理,本书试图回答以下问题:一是职涯高原概念内涵是在什么样的理论背景下演进的,其演进的基本规律是什么;二是职涯高原概念测量演进的规律和特点;三是职涯高原影响因素及效果模型的统一解释框架及其演进规律与特点。具体过程如下:

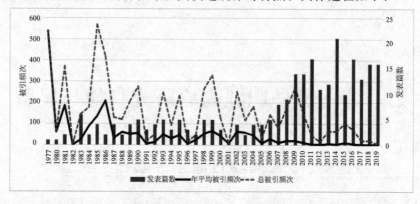

图 1-1　职涯高原 1977—2019 发文篇数与被引分布

（一）基于 Histcite 的高被引文献分析

LCS 表示该篇文章在检索到的文献数据集中被引用的频次,相当于本领域专家对该文献的认可程度。被引频次越高,说明该文献越重要,越具有引领该领域研究发展走向的能力。对 LCS 前 40 篇文献进行图谱分析(图 1-2),图中节点越大,表示该文献被引频次越高。

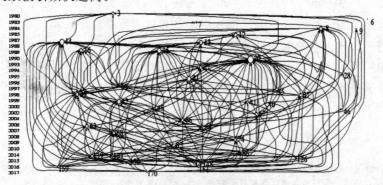

图 1-2　职涯高原 LCS 关键文献编年图

资料来源:本文绘制

　　结合图 1-3,发现节点 20(Chao,1990,Journal of Management)是一个承前启后的关键节点,并预示着职涯高原研究领域的重要转折点,说明该篇文章一方面对职涯高原领域前人研究进行了深刻的反思,另一方面又进一步推进了职涯高原研究的发展并成为后续研究重要的理论基础。

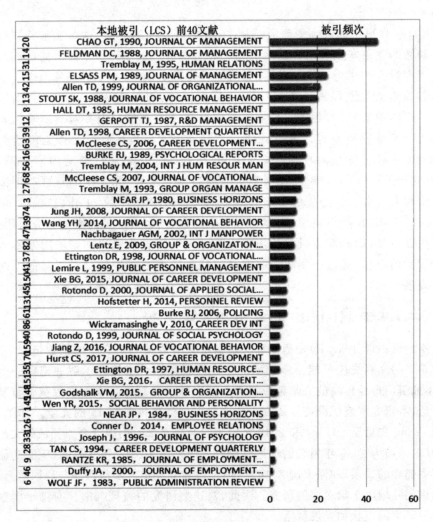

图 1-3　职涯高原本地被引(LCS)文献前 40

资料来源:本文绘制

此外,还发现节点 14(Feldman,1988,Journal of Management)、31(Tremblay,1995,Human Relations)、15(Elsass,1989,Journal of Management)以及节点 42(Allen,1999,Journal of Organizational Behavior)等都是职涯高原研究领域的重要节点,共同构成职涯高原研究的演进路径,为后续研究提供了重要的研究基础与参考。

图 1-3 列出了职涯高原研究领域本地被引前 40 的文献,这些文献共同决定了该领域的理论基础和研究发展的趋势和方向。1990 年 Chao 提出的职涯高原的主观测量方法成为该领域重要的转折点,使得由 1977 年职涯高原概念产生以来的客观测量向主观测量转变。此后 Tremblay、Allen、McCleese 等学者均采用这种主观的测量方式,并进一步发展了职涯高原的测量量表并对其影响因素和效果进行了探索和验证。如 Tremblay1995 年的《职涯高原与工作态度研究》、2004 年的《职涯高原的反应》以及 1993 年的《职涯高原的影响因素》等,Allen1999 年的《学习和发展相关因素对职涯高原的影响》和 1998 年的《职涯高原的程度对管理者工作态度的影响》,还有 McCleese2006 年的《工作内容高原的反应》和 2007 年的《层级高原、内容高原和双高原对压力、抑郁的影响和应对研究》等。由此可见,职涯高原研究的历程也是一个对其影响效果和影响因素不断验证和探索的过程,此过程伴随着职涯高原概念的不断拓展和测量工具的不断演进与发展。

(二)基于 Histcite 的高引用文献分析

本地引用得分(LCR)是指该篇文章引用文献数据集中文献的篇数情况,引用篇数越多的文献往往可能是该领域的综述性研究。对于快速了解和把握一个领域,本地引用得分越高的文献越应视为关键文献。在剔除与本地高频被引重复的文献后,本研究围绕职涯高原研究主题选取引用篇数排名前 15 的文献。如图 1-4 所示,Yang 先后于 2018 年和 2019 年发表的两篇文章引用职涯高原领域的文献最多,其中一篇为 2019 年发表的综述性研究。此外,Lin2018 年发表的《职涯高原与内部雇佣性的关系》和谢宝国 2016 年的《职涯建立期员工层级高原与离职意愿》等均为引用领域内文献较多的研究。因此,对这些研究的梳理与阅读有助于洞察职涯高原研究的现状和发展脉络。

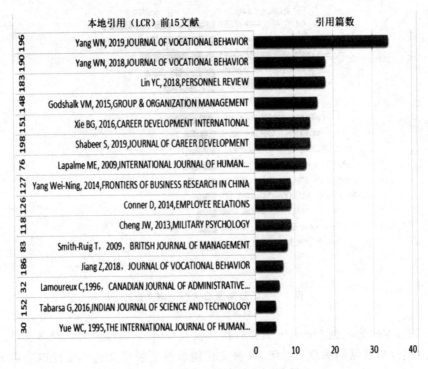

图 1-4　职涯高原本地引用(LCR)文献前 15

资料来源:本文绘制

(二)基于 Histcite 的遗漏文献分析

因为考虑到 WOS 可能存在的文献遗漏等情况,利用 Histcite 引文分析的参考文献分析功能可以有效地弥补文献的缺漏情况,从而能够更为全面地搜集并获得职涯高原领域的文献。如图 1-5 所示,在剔除职涯高原文献数据集已有文献后,根据被引频次,本研究选取 15 篇重要的遗漏文献,可以看到作为职涯高原研究的开山之作 Ference 于 1977 年的研究在遗漏文献中排在第一位,并且被引频次相较 LCS 排名最高的 Chao(1990)更多。显然,作为职涯高原概念的提出与贡献者,这篇文献尤为重要。此外,在缺漏文献中还发现 Bardwick 和 Lee 分别于 1986 年和2003 年的研究被引频次靠前,这两篇文章为职涯高原概念的拓展做出了突出的贡献,所以在职涯高原研究历程中不可回避。

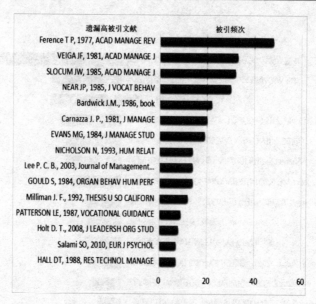

图 1-5　职涯高原高被引遗漏文献

资料来源：本文绘制

综上，本研究根据 Histcite 引文分析共获取 70 篇职涯高原领域经典文献。通过对这些经典文献的阅读与思考，本书发现随着社会经济文化的变迁以及职涯领域理论的发展，职涯高原研究有以下重要转向与演进：首先在概念内涵上，由单一维度、纵向流动的结构高原向兼顾组织内横向流动的内容高原和跨组织流动的专业高原等多维结构演进；其次在概念测量上，由以年龄和工作任期为标准的客观测量向强调个人感知的主观测量演进；最后在研究模型上，由简单、直接的作用模型向复杂、有调节和中介机制的模型演进。

二、微观视野：国外职涯高原研究嬗变

（一）概念内涵的演进：从单一结构向多维结构转变

1. 纵向流动导向的层级高原

20 世纪 50 年代至 70 年代初是美国经济发展的黄金期，市场空前繁荣，组织规模不断扩大，空缺职位迅速增加，而适龄人口规模小，受教育程度低，填补职位空缺成为当时组织面对的最大问题（Warren，1975）。拥有晋升抱负和能力的个体可

以在组织中获得充分的晋升机会。由此,晋升成为个体工作的首要目标,只要努力工作,晋升似乎是无限的。同时,组织的激励体系也和晋升挂钩(Bardwick,1986)。在此背景下,很多人将晋升视为职业成功的重要衡量指标(S. H. Appelbaum,1994),因为根据职业成功的客观标准,成功意味着权力、金钱、责任和声望的增加(Gutteridge,1973;Judge et al.,1995),而这一切又是晋升的结果。于是晋升导向的职业流动锦标赛成为当时美国社会职场的全民运动。

不幸的是这一切繁荣、充满希望的景象,随着20世纪70年代后期美国经济的严重下滑而化为泡影,职业晋升停滞现象大量涌现,并成为困扰社会、组织和个人的重大问题。在此背景下,Ference等(1977)在Warren等(1975)的研究基础上,正式提出职涯高原的概念。职涯高原是指个体职业生涯某一阶段,向上流动可能性非常小的一种状态。Ference等(1977)进一步指出职涯高原是组织结构形塑的自然结果,是个体职业生涯过程中不可回避的现象,并将高原员工分为两种类型,即高绩效的"可靠公民型"(Solid Citizens)与低绩效的"枯木型"(Deadwood),并指出组织中大部分员工是高绩效的"可靠公民型"高原员工。

显然,Ference等(1977)提出的职涯高原又可称为结构高原或层级高原,其内涵及特征主要包括以下几点:时间维度上,是发生在职业生涯过程中的某一时段;空间维度上,限定于在某一组织内部;或然性维度上,是任何组织及个体都不可避免的现象;职涯路径维度上,是一种线性向上晋升的路径模式;价值性维度上,是组织结构形塑的一种自然的职涯状态,并不表达绩效、士气、抱负或个人行为特征等方面的任何价值偏向。

2.横向流动导向的内容高原

20世纪80年代,美国经济开始危机后的重建。为了削减成本、提高效率,大部分企业陆续开始精简、裁员和重组。是否继续留在组织,成为个体面临的重要问题(Hall,2004)。在此情境下,职涯理论和研究趋势也发生了相应的转向。有研究指出,20世纪80年代职涯领域研究与心理学、社会学一样,开始对自我(Self)概念产生兴趣,如关注职业成熟度、职涯决策、自我概念、自尊、职业培训、工作承诺、专业人员等,而20世纪70年代诸如职业动机、职业抱负等主题在20世纪80年代则关注较少(Chartrand et al.,1991)。

由此可见,20世纪80年代职涯领域研究逐渐由之前的外部职涯转向内部职涯。外部职涯倾向于组织导向的职涯模式,外部职涯视角下的职业成功观是由社会和他人为评价主体,以职位、晋升、收入等客观指标作为评价标准;而内部职涯倾向于个人导向的职涯模式,内部职涯视角下的职业成功观是由个体自身为评价主体,以自我概念、工作特征等主观指标作为评价标准(Gattiker et al.,1986)。

基于以上逻辑,从外部职涯和客观职业成功视角来看,那些晋升停滞即经历层级高原的员工,在组织和他人眼里,往往会被视为彼得原理的应验。然而,Bardwick(1986)认为不能将层级高原等同于彼得原理,层级高原可能是那些有能力的员工不能晋升到他们可以胜任的职位;从内部职涯和主观职业成功视角来看,那些未经历层级高原的员工,在组织和他人的眼里往往会被视为职业成功人士,但是他们可能会对自己的工作并不满意,并感到工作的乏味与无聊。针对以上现象,Bardwick(1986)进一步指出职业成功的定义应该拓展到那些能在工作中继续学习并富有成效、不断创新、勇于改变的个体中,强调工作带给个人的内在成就感和丰富性。

由此,Bardwick(1986)在层级高原的基础上提出工作内容高原和生活高原,并指出工作内容高原是指个体已完全掌握了当前的工作任务,不能再从工作中获得任何新的知识、技能,工作缺乏挑战性的一种状态。所谓的生活高原是指当工作占据个体生活的大部分,并成为身份和自尊的象征时,晋升的无望或工作的无聊导致个体经历生活高原。Bardwick(1986)认为层级高原、工作内容高原与生活高原三者相互区别,互相联系。结构高原不可避免,但内容高原可以预防,员工一旦经历结构高原,内容高原往往会接踵而至(Bardwick,1986)。

综上所述,不论是职涯高原概念的正式提出者 Ference 等(1977),还是概念内涵的拓展者 Bardwick(1986),其共同点是将职涯高原的内涵限定在单个组织内进行研究和讨论。不同点是两者基于不同的职涯理念和职业成功理论来阐释职涯高原的内涵。具体来说,Ference 等(1977)是基于外部职涯所决定的组织导向的职涯模式,从客观职业成功视角来诠释职涯高原的内涵,强调组织内纵向流动受限的层级高原;而 Bardwick(1986)是基于内部职涯所决定的个人导向的职涯模式,从主观职业成功视角来诠释职涯高原的内涵,强调个人知识、技能受限的内容高原。

3.跨组织流动导向的专业高原

20 世纪 90 年代以来,经济全球化、信息驱动以及向服务业转型的趋势,迫使美国等发达国家纷纷进行产业重组。这一切也加速了企业重塑、规模调整的步伐,更为灵活的战略合作,使得很多组织呈现出"三叶草"式结构①的无边界组织特征。在此背景下,职业生涯领域发生了巨大的变化,个体职涯由之前的组织内流动开始向组织间流动转向。Arthur(1994)指出在个体职业生涯中,美国男性员工平均要换10个雇主,日本男性员工要换6个雇主,终身雇佣的神话已被打破,无边界职涯开始出现。所谓无边界职涯是指超出单一雇佣环境的一系列就业机会的职涯路径。与传统侧重稳定、结构与职位的职涯发展模式不同,无边界职涯强调非层级的、组织间的就业机会以及职业能力的重要性,并且职业被认为是知识和技能学习的平台和无边界职涯活动的平台。

受到职涯领域实践及无边界职涯理论的影响,在Bardwick(1986)工作内容高原的基础上,Lee(2002)提出员工已从对传统组织内职业流动的偏好,转向对工作中学习机会的获取,以及这些机会对促进他们专业发展和未来就业能力的提升等方面的关注。由此,Lee进一步提出专业高原,并认为专业高原是对工作内容高原的进一步延伸。专业高原不仅关涉组织内现有工作是否具有挑战性,而且涉及工作能否为员工提供掌握新技能的机会,以提升他们在组织外预期的就业能力和市场竞争力。当工作缺乏挑战性,不能提供给员工专业成长的机会,并且员工也不能从工作中学习到新的知识和技能以提升他们的专业水平时,那么员工就会处于专业高原期(Lee,2003)。

综上所述,随着社会经济、文化的不断发展与变迁、技术的日新月异、组织变革的加剧,职业生涯领域实践和理论发生了翻天覆地的变化:一方面迫使实践者和研究者跳出传统组织内、线性职涯的思考模式;另一方面也使得个体对职涯以及职业成功的定义打破囿于组织内层级晋升的单一维度,将视野从组织纵向流动更多地转向横向流动,从组织内流动转向组织外流动。相应地,职涯高原概念内涵也从层级高原的单一维度转向兼顾工作内容高原及专业高原的多维面向,如图1-6所示。另外,还有一些研究者对职涯高原概念的维度拓展也做出了有价值的贡献,如Feldman和Weitz(1988)指出层级晋升不一定等于工作责任的增加,如有的管理者虽然职位得到了晋升,但工作职责缩减了,而有的管理者却正好相反。由此,该研究提出责任高原,即个体工作责任进一步增加的可能性非常小的一种状态。此

---

① 三叶草式结构描述的是无边界组织的特征,三片叶子分别是:最为核心和重要的第一片叶子,包括组织管理者、专业技术人员在内的核心员工,这是组织获得持续生存与发展的关键;第二片叶子,包括供应商、分销商和常规管理职能部门在内的合作伙伴,这是非组织核心技术和能力的部分,常外包于那些成本更低、效率和专业水准更高的合约商完成;第三片叶子,包括兼职和临时工人在内的非正式员工,他们主要为组织的核心劳动力群体提供缓冲(Handy,1989)。

外,Xie 等(2014)根据沙因的职涯发展三维模型,提出中心化高原,即个体向组织责任和权利中心层流动可能性很小的一种职涯状况。此外,还有 Allen 等(1998)提出的双高原,即个体同时经历层级高原和工作内容高原的状况。

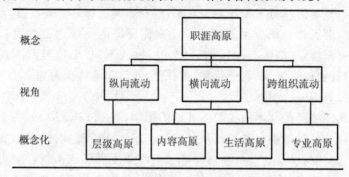

图 1-6　职涯高原构念内涵

(二)概念测量的演进:从客观测量向主观测量转变

测量是连接抽象概念与具体现象的桥梁,测量的好坏直接决定着研究结果的可信度。职涯高原效果研究的分歧,究其根源是概念化和操作化的差异所致(Chao,1990)。职涯高原测量中的两种操作化方式分别是客观测量和主观测量,即对工作任期和晋升可能性感知两个指标进行测量(Nicholson,1993)。

纵观整个研究历程发现,职涯高原构念测量经历了一个由客观向主观测量逐渐转变的过程,如表 1-1 所示。

表 1-1　职涯高原构念测量代表性研究汇总

研究	期刊	受试者	构念测量	
			客观	主观
Carnazza 等(1981)	J APPL PSYCHOL	中层管理		HP;DS
Veiga(1981)	BUS HORIZONS	中层管理	JT≥7 AGE≥40	
Near(1983)	ACAD MANAGE P	管理者	JT≥20	HP;DS
Near(1985)	J VOCAT BEHAV			

续表

研究	期刊	受试者	构念测量	
			客观	主观
Evans 等(1984)	J MANAGE STUD	管理者	AGE>45	
Hall(1985)	HUM RESOUR MANAGE	专业人员	AGE≥36	
Slocum 等(1985)	J ACAD MANAGE	销售人员	JT≥5	
Stout 等(1988)	J ACAD MANAGE	销售人员	JT≥5	
Gerpott 等(1987)	R&D MANAG	研发人员	JT≥10	
Stout 等(1988)	J VOCAT BEHAV	管理者	JT>5	
Burke(1989)	PSYCHOL REP	警官	JT>15	
Chao(1990)	J MANAGE	管理者	JT	CP:LS
Milliman(1992)	USC PH. D DISS	管理者		HP+JCP:LS
Tremblay 等(1993)	GROUP ORGAN MANAG	管理者	JT>5	CP:DS
Tremblay 等(1995)	HUM RELA	管理者	JT>5	CP:DS
Tremblay 等(2004)	INT J HUM RESOUR MAN	管理者	JT>5	CP:DS
Joseph(1996)	J PSYCHOL	管理者		HP+JCP:LS
Godshalk(1997)	DREXEL PH. D DISS	专业人员		HP+JCP:Milliman(1992)
Allen 等(1998)	CAREER DEV Q	管理者		HP+JCP:Milliman(1992)
Allen 等(1999)	J ORGAN BEHAV	员工		HP+JCP:Milliman(1992)
Lee(1999)	ACM SIGCPR	期刊读者		HP+PP:Chao(1990);LS
Lee(2003)	J MANAGE DEV	工程师		HP+PP:Chao(1990);LS

研究	期刊	受试者	构念测量	
			客观	主观
Lemire 等(1999)	PUBLIC PERSMANAGE	管理人员		CP:LS
Rotondo 等(2000)	J APPL SOC P	员工		CP:LS
Nachbagauer 等 (2002)	INT J MAN POWER	大学老师	JT＞Avg	HP+JCP:DS
McCleese 等 (2006)	CAREER DEV Q	员工		HP+JCP:Milliman(1992)
McCleese 等 (2007)	J VOCAT BEHAV	员工		HP+JCP:Milliman(1992)
Jung 和 Tak(2008)	J CAREER DEV	白领员工		CP:Baik(2001)
Lentz 和 Alle (2009)	GROUP ORGAN MANAG	政府雇员		HP+JCP:Milliman(1992)
Wickramasinghe (2010)	CAREER DEV INT	IT 员工	JT≥7	JCP:Allen1998
Foster 等(2011)	J APPL RES	会计师		HP+JCP:LS
Hurst 等(2012)	BUS MANAG RES	研究生		HP+JCP+DP: Milliman(1992)
Kim 等(2013)	J KOREA ACAD IND COOP SOC	护士		HP+JCP:Milliman(1992)
Hofstetter 等 (2014)	PERS REV	工会员工		JCP:Milliman(1992)
Godshalk 等 (2015)	GROUP ORGAN MANAG	协会成员		HP+JCP:LS
Wen 和 Liu(2015)	J SOC BEHAV PERS	公司员工		HP+JCP:Xie(2008)

续表

研究	期刊	受试者	构念测量	
			客观	主观
Xie 等(2015)	J CAREER DEV	企业员工		HP+JCP:Milliman(1992)
Xie 等(2016)	CAREER DEV INT			HP:Milliman(1992)
Hurst 等(2016)	J CAREER DEV	医院员工		JCP:Milliman(1992)
Su 等(2017)	Universal J MANAGE	军官		HP+JCP:Allen(1999)
Zhou(2016)	J VOCAT BEHAV	团队成员		JCP:Milliman(1992)
Zhou 等(2018)		全职员工		
Su 等(2017)	Universal J MANAGE	军官		HP+JCP:Allen(1999)
Lin 等(2018)	PERS REV	银行员工		HP+JCP:Allen(1999)
Shabeer 等(2018)	J CAREER DEV	银行职员		HP+JCP:Milliman(1992)
Yang 等(2018)	J VOCAT BEHAV	雇员		HP+JCP:Milliman(1992)
Song 等(2019)	J MANAGE ORGAN	企业员工		HP+JCP:Milliman(1992)
Song 等(2019)	J KOREA CONTEN ASSOC	企业员工		JCP:Milliman(1992)
De Clercq 等(2019)	CAN J ADMIN SCI	雇员		HP+JCP:Foster(2011)

资料来源:本文整理①。

1. 职涯高原的客观测量

由表 1-1 可见,1990 年以前职涯高原构念主要采用年龄和工作任期两个客观指标进行测量。如有的研究将在工作任期 5 年以上的员工视为高原员工(Slo-

---

① 表中 CP(Career Plateau)代表职涯高原,SP(Structural Plateau)代表结构高原,HP(Hierarchical Plateau)代表层级高原,JCP(Job Content Plateau)代表工作内容高原,DP(Double Plateau)代表双高原,PP(Professional Plateau)代表专业高原;LS(Likert Scale)代表李克特量表,DS(Dichotomous Scale)代表二分量表;JT(Job Tenure)代表工作任期(单位:年);AGE 代表年龄(单位:岁)。Chao(1990)在比较主观职涯高原与客观高原时,一反传统以任意年限的工作任期作为职涯高原测量标准的二分模式,采用连续变量的方式对工作任期进行测量,以判定个体职涯高原的程度,所以此处工作任期没有具体年限规定。

cum，1985；Stout，1988)，而 Gerpott 等(1987)将 10 年及以上工作任期的员工界定为高原员工。同时也有一些研究采用年龄作为职涯高原的衡量标准，如 Evans (1984)将年龄在 45 岁以上的员工划分为高原员工，而 Hall(1985)则认为 36 岁及以上的专业人员为高原期员工。

总之，在客观测量方面，工作任期和年龄两个指标看似客观、明了、易操作，但存在以下问题：其一，缺乏统一的标准，即不同行业、不同组织、不同层级的员工，工作任期和年龄的"高原临界点"不同；其二，二分式的客观测量将员工笼统地分为高原员工和非高原员工，忽略了不同年龄段和工作任期的高原程度差异。由此也一定程度上造成已有研究在高原效果上的参差不齐。

2. 职涯高原的主观测量

基于以上问题，Chao(1990)提出职涯高原的主观测量方法，并发现相对于采用年龄、工作任期的二分式测量，基于个体主观感知的职涯高原对研究结果的解释力度更大、效果更好。此后，学界普遍采用这种基于感知的职涯高原测量方式。具有代表性的高原测量量表是 Milliman(1992)，该量表将职涯高原分为两个维度，即层级高原和内容高原，分别采用 6 条目 7 点 Likert 量表进行测量。由上表可见，在对职涯高原的测量上，大部分研究中的高原测量基本沿用或来自对 Milliman (1992)量表的修订。另外，Lee(2003)年提出并开发了专业高原的测量量表，然而，在文献回顾过程中却发现该量表的使用较少。

总之，职涯高原测量经历了由年龄、工作任期等外部评价，到个体主观感知的内部评价的转变过程。主观测量弥补了二分式客观测量的缺陷，更准确地对职涯高原的程度进行测量(Chao，1990)，有效避免了客观测量的效果不确定性。同时主观测量也使多维面向职涯高原的操作得以实现(Allen et al.，1999)。

（三）理论模型的演进：从简单模型向复杂模型转变

早期职涯高原构念测量采用客观二分式方法，该阶段高原效果侧重于比较高原和非高原员工在不同结果变量上的差异性，分析方法主要使用卡方检验、单因素方差分析和多元方差分析等，变量关系呈现出简单、直接的作用模型。在职涯高原影响因素的探讨上，该阶段主要停留于理论层面、缺少实证研究。直到 Chao (1990)提出职涯高原主观测量后，职涯高原机制的研究逐渐成为学界关注的热点，分析方法主要采用相关分析、因子分析、回归分析、调节与中介效应分析等，变量关系呈现出复杂、有调节和中介机制的模型。具体演变过程如下所示：

1. 职涯高原影响因素模型的演进

早期关于职涯高原影响因素的研究主要限于理论探讨与论述，如 Ference 等（1977）将职涯高原的原因分为组织和个人两个层面的因素。组织层面有组织结构、竞争、资历以及组织需要等；个人层面有个人能力和管理技能的缺乏、职业技能的缺失、晋升抱负的减少和个人的其他需要。而 Feldman 和 Weitz（1988）则认为影响职涯高原的因素来自个人、组织以及工作三个层面。个人层面因素包括技术和能力的不足、对职业成长的重视不够以及工作以外目标的追求；组织层面因素包括外部薪酬和晋升的缺乏、奖酬系统不公平、负面事件与人际摩擦、组织气氛不和谐、工作角色模糊与冲突、组织成长过缓及职位机会稀缺、额外职责机会的限制等；工作层面因素包括工作乏味、枯燥、缺乏挑战性等。

以上职涯高原影响因素的理论探索为后期进一步实证研究奠定了重要的理论基础。回顾以往文献发现职涯高原前因研究有如下特点：其一，实证研究不多，且已有研究基本都从组织、个人两方面来探索与检验；其二，在职涯高原内涵拓展和测量演进的背景下，职涯高原影响因素模型由简单、直接影响的模型，逐渐向有调节、中介机制的复杂模型转向。

（1）简单、直接的影响因素模型

首先，个人层面影响因素。

有研究发现，教育水平、个人成长需要（Allen et al.，1999；Milliman，1992；Tremblay et al.，1993a），资历、职业成功经历、晋升抱负以及配偶工作类型（Tremblay et al.，1993a），职涯探索、职涯规划、工作卷入（Allen et al.，1999）以及内控性格（Lemire et al.，1999）等对职涯高原有着显著的负向影响；而年龄、工作任期（Tremblay et al.，1993a；Milliman，1992；Lemire et al.，1999），外控性格（Tremblay et al.，1993b）等对职涯高原有着显著的正向影响。并且相对于家庭因素，个人因素对职涯高原的解释力更强（Tremblay et al.，1993b），年龄、教育水平和工作任期解释了最多的职涯高原变异（Milliman，1992）。然而，也有研究指出年龄和资历对职涯高原的影响不显著（Xie et al.，2005）。

其次，组织层面影响因素。

有研究发现，组织新职位增长率、部门权力等级、员工提拔频率、强调资历的晋升政策（Milliman，1992），监督职责、管理跨度（Tremblay et al.，1993b），组织支持、主管支持以及来自组织的尊重（Stassen，2008）等对职涯高原具有显著的负向影响。

　　由上可见,简单、直接的影响因素模型忽略了个体身心特征和组织情境因素影响下的压力源评价环节。这样的过程过于简单、机械,丧失了个体和组织情境在高原压力生成过程中的能动性及作用。显然,潜在压力源如组织和个人因素如何以及为何影响个体高原的感知,有待于职涯高原影响因素模型的进一步演化与论证。

　　(2)复杂、有发生机制的影响因素模型

　　复杂、有发生机制的影响因素模型主要回答了组织和个人因素对职涯高原影响的两大问题:如何影响、为何影响。

　　首先,如何影响?

　　个人特征因素方面,Wang 等(2014)基于资源保护理论假定指导他人作为一种资源投资方式,有助于减少员工的层级高原和内容高原。该研究发现指导者主动性人格程度越高,指导他人对工作内容高原的负向影响就越大。除此之外,还有研究者发现个体工作任期越长、工作自我效能感越低,则职涯适应对工作内容高原的负向影响就越大(Jiang et al.,2018)。

　　组织情境因素方面,Lee 等(2019)发现感知的组织支持在职涯辅导与工作内容高原之间具有正向调节作用,即感知的组织支持程度越高,职涯辅导对工作内容高原的负向影响就越大。

　　其次,为何影响?

　　个体特征因素方面,Malik 和 Fatimah(2016)发现工作卷入在心理资本与主观职涯高原之间起部分中介作用,即心理资本通过增加员工的工作卷入水平,从而在一定程度上减少其主观职涯高原的感知。此外,还有研究指出个人—工作匹配和个人—组织匹配在职涯适应与工作内容高原之间起着部分中介作用(Zhou,2016),即职涯适应通过增加个体与工作和组织的匹配度来减少工作内容高原的感知。并且个人—工作匹配的维度之一,需要—供给匹配(Need-Supply Fit)在职涯适应与工作内容高原和层级高原之间起着中介作用;个人—工作匹配的另一维度,需求—能力匹配(Demand-Ability Fit)在职涯适应与工作内容高原之间起着中介作用,而在职涯适应与层级高原之间中介效应不显著(Shabeer et al.,2018)。由此可见,职涯适应水平越高的员工,感知的个人与工作、组织之间的匹配度就越高,进而缓解了工作内容高原的压力。另外,也有研究表明,工作满意度解释了授权和工作生活质量分别降低员工职涯高原压力的原因(Priyono et al.,2019),即授权和工作生活质量通过增加员工的工作满意度来减少其职涯高原的压力。

　　组织情境因素方面,以往研究鲜有从组织支持、领导行为等组织情境因素去解释职涯高原的发生机制。可能的原因在于已有研究倾向于将职涯高原视为一种消极压力,把能够削减高原压力的中介变量往往归于内因,所以研究者基本都从个体特征因素对职涯高原的生成机制进行解释。

综上可知,职涯高原前因研究经历了从理论探讨到简单模型再向复杂模型转变的过程。然而,大多研究集中于简单模型阶段,对于职涯高原发生机制的探讨较少。另外,已有研究大多将职涯高原视为一种刻意回避的消极压力,尤其从职涯高原发生机制的解释逻辑来看,在中介和调节效应上偏向于个体特征因素和组织情境因素对高原压力的减少或削弱作用。只有很少一部分研究者认为职涯高原压力具有双面性,既存在消极面又存在积极面,并指出职涯高原有可能也是一种积极的职涯经历(Rotondo 和 Perrewe,2000;Ismail,2008)。

2.职涯高原效果模型的演进

职涯高原效果主要表现为对个体心理与行为方面因素的影响。已有研究中,常见的心理结果变量包括工作满意度、组织承诺、离职倾向,行为结果变量包括工作卷入、工作绩效、组织公民行为等。早期研究主要侧重于高原和非高原员工在心理和行为相关变量上的比较。后期随着学界对职涯高原概念认识的深入及测量的发展,职涯高原效果模型由起初变量间简单、直接作用的模型逐渐向有调节、中介机制的复杂模型转变。

(1)简单、直接的影响效果模型

首先,心理结果变量的影响。

第一,工作满意度。工作满意度上存在以下三类结果:一是无差异,如有研究指出高原管理者和非高原管理者在工作满意度方面并无显著差异,唯一存在显著差异的薪酬满意度是由年龄而非职涯高原引起的(Evans,1984)。二是高原个体工作满意度相对较高,如 Slocum 等(1985)发现在采取防御型战略的企业中,高原员工相对于非高原员工具有更高的工作满意度和直接主管满意度。并且,Slocum 和 Cron(1985)在检验职业阶段对工作态度和行为影响的研究中,发现那些缺乏晋升抱负、处于职涯维持期的层级高原员工在对工作自身的满意度方面,显著高于职涯试探期员工。三是高原个体工作满意度相对较低,如 Allen 等(1998)研究表明高原个体报告了较低的工作满意度,尤其是双高原管理者相对于工作内容高原、层级高原和非高原管理者工作满意度更低。另外,在晋升满意度上无论是可靠公民型还是枯木型高原员工均显著低于非高原员工(Veiga,1981b)。

第二,组织承诺。组织承诺上存在以下三类结果:一是无差异,如 Ettington (1992)发现在组织承诺方面高原管理者和非高原管理者并无显著差异;二是高原个体组织承诺相对较高,如有研究发现那些获得组织支持、具有高绩效的职涯高原管理者相对于高绩效非高原管理者组织承诺更高(Ettington,1993);三是高原员工组织承诺相对较低,如有纵向研究发现,非高原销售者在前后两个时间点上,组织承诺无显著差异,而一直处于高原期的销售人员随着时间的流逝,组织承诺显著降低(Stout,1988)。可见职涯高原是导致组织承诺降低的直接原因。并且 Allen 等(1998)进一步发现双高原管理者的组织承诺远远低于非高原管理者和工作内容高原管理者。

第三,离职倾向。离职倾向上存在以下三类结果:一是无差异,很多人认为高原期员工更倾向于离职,然而 Veiga(1981)发现可靠公民型和枯木型高原个体与非高原个体在离职倾向上不存在显著差异;二是高原个体离职倾向相对偏低,如 Slocum 等(1985)发现在防御型战略的企业,相比非高原员工,高原员工离职倾向更低。在分析型战略的企业,可靠公民型和枯木型高原员工离职倾向均低于明星型员工和新加入者。并且,该研究进一步指出处于职涯维持期的员工,相比试探期的员工离职倾向更低。可能的解释是,尽管维持期的员工通常处于结构高原和内容高原的状态,然而相对于晋升抱负或组织外机会的把握,他们更倾向于组织内良好关系的建立和维持,以及对组织的忠诚,所以更倾向于维持现状而留在组织内(Slocum 和 Cron,1985);三是高原个体离职倾向相对偏高,Allen 等(1998)发现相对于层级高原和非高原管理者,双高原及内容高原管理者离职可能性更大。

其次,行为结果变量的影响。

第一,工作卷入。工作卷入结果因群体、所在企业的战略类型以及职涯阶段存有差异。如 Hall(1985)发现对于技术专家群体,高原期技术专家工作卷入度显著偏低。Gerpott 和 Domsch(1987)证实了这一观点,同样发现相对于非高原者,高原期研发人员每周工作投入时间更少,工作卷入度显著偏低。然而,对于项目经理群体,Hall 和 Louis(1988)却发现高原期项目经理工作卷入度相对较高。另外,Slocum 等(1985)发现在防御型战略的企业,相对于新进入者,可靠公民型高原个体工作卷入度更高,并指出高原员工在工作卷入上与明星员工无差异;在分析型战略的企业,高原员工及明星型员工在工作卷入上均显著高于新进入者。另外,Slocum 和 Cron(1985)发现相对于职涯试探期和稳定期的非高原员工,职涯维持期的高原员工工作卷入度更高。此外,Allen 等(1998)指出双高原管理者相对于层级高原和非高原管理者,工作卷入度显著偏低。

第二,工作绩效。工作绩效上存在以下两类结果:一是无差异,如 Gerpott 和 Domsch(1987)研究发现高原和非高原营销人员在工作绩效上无显著差异,并且

Carnazza 等(1981)也证实了这一点,该研究发现高绩效的管理者同样可以是可靠公民型高原个体,并指出影响管理者绩效的因素是高原或非高原管理者的经历、观点、态度等;二是高原个体工作绩效相对较低,如 Allen 等(1998)发现处于工作内容高原的管理者相比非高原管理者绩效显著偏低,并且相对于层级高原,内容高原对工作态度和绩效造成的负面影响更大。此外,Choy 和 Savery(1998)同样发现高原个体工作绩效显著低于非高原个体。

第三,组织公民行为。组织公民行为是职涯高原研究领域近几年开始关注的问题,并且使用简单、直接作用模型的研究很少,仅有的一篇研究指出职涯高原对组织公民行为的五个维度即利他行为、尽责行为、谦虚礼貌、公民道德、运动员精神均不存在显著影响(Badiane,2016)。

(2)复杂、有作用机制的影响效果模型

复杂、有作用机制的影响效果模型主要回答了职涯高原如何以及为何会对个体心理变量(工作满意度、组织承诺、离职倾向)和行为相关变量(工作卷入、工作绩效、组织公民行为)产生影响。

首先,如何影响?

职涯高原对个体心理和行为的影响并不是固定或一成不变的,同样高原压力强度下的个体,可能会做出不同的心理和行为反应。正如前文简单、直接的高原效果模型中,面对高原压力有些个体会做出积极反应而有些则反之。因此需要考虑不同权变因素,即不同个人特征与组织情境因素下,职涯高原对个体心理和行为变量的影响。下面将对已有文献中职涯高原心理和行为影响效果的条件和边界进行逐一分析。

第一,工作满意度。个人特征因素方面,晋升抱负(Milliman,1992)在职涯高原与工作满意度之间起着正向调节作用,而工作任期(Chao,1990)、指导他人、为他人提供心理辅导、个人—工作匹配起着负向调节作用(Lentz 和 Allen,2009;Salami,2010;Tabarsa 和 Nazari,2016;Xie 等,2016)。另外,还有研究指出年龄(Yang 等,2018)、自我效能(Ha 和 Park,2018)在职涯高原与工作满意度之间的调节效应不显著。组织情境因素方面,有研究发现角色模糊对职涯高原与工作满意度的关系起着正向调节作用(Tremblay 和 Roger,2004),而主管支持(Jung 和 Tak,2008)、工作特征(工作丰富化、工作赋予的决策机会、工作范围、工作挑战性)(Tremblay 和 Roger,1998,2004;Ettington,1998)起着负向调节作用。

第二,组织承诺。个人特征因素方面,晋升抱负(Milliman,1992)、职业动机(Jung 和 Tak,2008)、研发人员的创新水平(Cha 和 Park,2018)在职涯高原与组织承诺之间起着正向调节作用,而工作任期(Chao,1990)、心理指导(Lentz et al.,2009)、研发人员年龄(Cha 和 Park,2018)起着负向调节作用。组织情境因素方面,主管支持(Jung et al.,2008)、上级对下级职涯的商讨(Milliman,1992)分别在职涯高原与组织承诺间起着负向调节作用。另外,还有研究指出变革型领导在职涯高原与持续性承诺及规范性承诺之间分别起着正向和负向的调节作用,交易型领导在职涯高原与规范性承诺之间起着正向调节作用(Ku,2017)。

第三,离职倾向。个人特征因素方面,晋升抱负(Milliman,1992)、自我效能(Zhang 和 Chung,2018)、职业锚的挑战意愿(Wen 和 Liu,2015)、制度意图(Su et al.,2017)在职涯高原与离职倾向之间具有正向调节效应。而指导他人、对他人提供心理辅导、职业意图(Su et al.,2017)起着负向调节作用(Lentz 和 Allen,2009;Salami,2010)。此外,Wang 等(2014)发现指导者主动型人格在工作内容高原与离职倾向之间具有积极的调节效应,即同一高原水平下,指导者主动型人格程度越高,离职可能性越大。组织情境因素方面,其他企业职涯高原水平的感知(Milliman,1992)、工作赋予的决策机会(Tremblay 和 Roger,2004)在职涯高原与离职倾向之间起着负向调节作用。除此之外,非正式的组织支持在层级高原与离职倾向之间起着正向调节作用,而在内容高原与离职倾向之前起着负向调节作用(Lee 和 Shim,2016)。

第四,工作卷入。个人特征因素方面,地域流动意愿和晋升抱负(Milliman,1992)等在职涯高原与工作卷入之间调节效应显著,即同一高原水平下,以下任意情况如地域流动意愿越大、晋升抱负越低的高原个体,工作卷入程度越高。组织情境因素方面,工作挑战性(Chay et al.,1995)、决策参与以及工作范围(Gerpott 和 Domsch,1987;Tremblay 和 Roger,2004,1998)在职涯高原与工作卷入及工作强度间起着积极的调节作用,即同一高原水平下,以下任意情况如工作挑战性越大、工作赋予的决策参与程度越高、工作内容越丰富的个体,工作卷入越高,工作上投入的时间也越多。

第五,工作绩效。个人特征因素方面,Lentz(2004)发现指导经验在工作任期高原与任务绩效之间具有显著的正向调节作用,即在同一高原水平下,随着指导者经验的增加,任务绩效水平不断下降。然而,该研究还发现工作任期后段,随着指导经验的增加,任务绩效并没有显著变化。可能的解释是:一方面由于指导行为的增加,会带给高原个体更大的精力消耗和心理压力;另一方面指导他人对以上关系的影响,不应该是线性的过程,适度的指导能够增加个体的绩效,而过量指导可能会影响个体的工作绩效。另外,该研究进一步发现心理指导在工作任期高原与关系绩效之间调节效应显著,即同一高原水平下,提供心理指导越多,个体关系绩效水平越高。此外,Chay 等(1995)发现工作任期在职涯高原与工作绩效之间调节效应不显著。组织情境因素方面,主管支持和同事支持在职涯高原与工作绩效之间具有显著的负向调节效应(Etington,1998),而领导者人际互动不公平在职涯高原与工作绩效之间具有显著的正向调节效应(Clercq et al.,2019)。另外,还有研究指出工作挑战性的调节效应不显著(Chay et al.,1995;Etington,1998)。

第六,组织公民行为。个人特征因素方面,Song 等(2019)发现组织承诺对结构高原与尽责行为具有显著的调节效应。当组织承诺较低时,结构高原与尽责行为呈"U"形曲线关系,而当组织承诺较高时,则呈倒"U"曲线关系。另外,该研究还指出工作卷入对工作内容高原与利他行为间的线性关系调节效应显著,但对非线关系调节效应不显著。另外,在组织情境因素方面,尚未有组织情境因素做调节变量的研究。

其次,为何影响?

随着对职涯高原效果研究的深入,很多研究者逐渐认识到简单、直接的高原模型中存在着一个有待探究的神秘"黑箱",下面将对已有文献中职涯高原心理和行为影响效果的中介机制进行逐一分析。

第一,工作满意度。个人特征因素方面,未满足的晋升和工作挑战性期望(Yang 等,2018)分别解释了层级高原和内容高原个体工作满意度降低的原因。另有研究基于归因理论,发现内部归因的结构高原和外部归因的内容高原通过工作卷入对工作满意和职涯满意有着显著的消极影响(Godshalk et al.,2015)。此外,Ha 和 Park(2018)发现组织承诺和职业承诺在职涯高原与工作和职业满意之间具有显著的中介效应。组织情境因素方面,有研究指出上级行为和工作特征(Gerpott et al.,1987)在职涯高原与工作满意度之间起着部分中介作用,即职涯高原对工作满意的负面影响,部分原因是高原个体很少获得直接上级提供的工作相关信息和支持以及绩效的反馈,很难与上级开诚布公地进行职业发展方面的交流,工作缺少多样性和激励,从而降低了高原个体的工作满意度。

第二,组织承诺。个人特征因素方面,有研究指出内在和外在工作满意度在职涯高原与情感承诺之间起着完全的中介作用(Xie et al.,2014),即中心化高原和工作内容高原通过内(外)在工作满意度对情感承诺产生负面作用,并且相对于外在工作满意度,内在工作满意度的中介效应更大。另外,还有研究发现未满足的晋升期望在结构高原与组织承诺之间起着中介作用(Yang et al.,2018),即未满足的晋升期望解释了层级高原导致组织承诺下降的原因。组织情境因素方面,Lapalme 等(2009)发现组织支持在结构高原与情感承诺之间具有显著的中介效应,即结构高原通过减少员工的组织支持感来削弱其情感承诺。但是该研究同样发现组织支持感在工作内容高原与情感承诺之间的中介效应不显著。

第三,离职倾向。个人特征因素方面,有研究发现组织承诺(Kim 和 Kang,2015)、工作倦怠(Zhang 和 Chung,2018)在职涯高原与离职倾向之间具有显著的中介作用,并且情感承诺(Xie 等,2015)在层级高原与离职倾向之间起着完全的中介作用。除此之外,Godshalk 和 Fender(2015)认为工作卷入解释了外部归因的内容高原和内部归因的结构高原员工离职倾向的原因,即外部归因的内容高原或内部归因的结构高原会削弱个体的工作卷入度,从而减少个体继续留在组织的意愿。Stassen 和 Ursel(2009)发现工作满意度在内容高原与留职意愿之间中介效应显著,而在层级高原与留职意愿之间中介效应不显著。但是 Xie 等(2016)来自中国的证据却显示,工作满意度在层级高原与离职倾向之间具有显著的中介作用。另外,未满足的晋升和工作挑战性期望(Yang et al.,2018)在层级高原、工作内容高原与离职倾向之间具有显著的中介作用。组织情境因素方面,Ko 和 Kim(2018)研究发现主管支持、结构高原和内容高原是离职意愿的主要原因,但对其中机制尚未探讨。所幸的是,早前已有研究发现组织支持解释了层级高原或内容高原对留职意愿的负面影响,即层级高原和内容高原通过减少员工的组织支持感来增加其离职倾向(Strassen 和 Ursel,2009)。

第四,工作卷入,回顾以往文献发现关于职涯高原影响工作卷入机制的研究很少,仅有的一篇研究发现主管行为和工作特征在职涯高原与工作卷入之间起着部分中介作用。也就是说,职涯高原对工作卷入的影响包括直接的影响和通过影响上级对高原员工职业相关信息的提供和绩效的反馈等行为或通过影响工作自主性特征等中介因素而间接影响高原员工的工作卷入(Gerpott 和 Domsch,1987)。

第五,工作绩效。个人特征因素方面,Yang(2016)指出未满足的晋升期望在层级高原与任务熟练性之间具有显著的中介作用。此外,还有研究指出组织承诺在职涯高原与工作绩效之间起着部分中介作用(Farooq,2017)。组织情境因素方面,Gerpott 等(1987)发现直接主管行为和工作特征在职涯高原与客观工作绩效之间起着完全的中介作用。即高原员工因为缺少直接主管为其提供职业相关信息和绩效反馈而致使客观绩效显著下降。并且该研究还发现主管行为和工作特征在职涯高原与个人主观绩效之间不存在中介效应,并指出其原因在于主观绩效上高原和非高原员工并无显著差异。

第六,组织公民行为。个人特征因素方面,有研究发现工作满意度在内容高原与组织和人际指向的公民行为之间具有显著的中介作用(Hurst et al.,2017),即工作内容高原会导致个人的工作满意度下降,从而减少个体组织和个人指向的公民行为。组织情境因素方面,程序公平与分配公平在工作内容高原与组织和个人指向的公民行为之间的中介效应不显著(Hurst et al.,2017)。

3.职涯高原模型整合

综上所述,通过对过去四十年西方职涯高原研究领域重要文献的回顾与梳理,发现自 Ference 等(1977)正式提出职涯高原概念以来,随着职涯领域实践与理论的发展,职涯高原概念内涵不断充实、拓展,职涯高原研究不断细化、深入。具体来说,伴随着职涯成功理论由外在、客观标准向内在、主观标准的转向,职涯高原概念从强调晋升为主的结构高原向兼顾个人成长的工作内容高原演进;伴随着无边界和易变职涯理论的出现,职涯高原从强调组织内流动向兼顾组织外流动演进,专业高原应运而生。同时,由 Chao(1990)开创的职涯高原主观测量,为此后职涯高原概念的操作化、多维化以及职涯高原研究的进一步深入奠定了重要基础。在对职涯高原核心文献进行回顾和梳理的基础上,本研究进一步对高原影响因素、效果、发生与作用机制进行整合,从而构建职涯高原影响因素和效果整合模型。

(1)职涯高原影响因素整合模型

由职涯高原影响因素整合模型可见(图 1-7),职涯高原影响因素主要来自组织和个人两个层面,其中,组织层面因素有新职位增长率、员工提拔频率、强调资历的晋升政策、所在部门的权力等级、工作特征以及组织对员工的支持等;个人层面因素诸如年龄、教育水平、资历、工作任期、性格以及个人晋升抱负、职涯适应、指导他人等。这些潜在因素会对特定个人特征变量产生影响,如增加个人的工作卷入、工作满意度或者提升个人—工作匹配和个人—组织匹配等,从而减少个体职涯高原的压力。此外,这些潜在因素对高原压力的作用力还会受到个人特征和组织情境因素的影响,如工作任期、主动性人格、自我效能以及组织支持等会增强或削弱潜在因素对个体高原压力的影响。该模型为组织如何缓解、消除员工的高原压力提供了理论依据和策略指导。

职涯高原影响因素整合模型对组织人力资源管理实践有以下重要启示。

组织方面的策略:首先对于层级高原,组织可以酌情适当调整发展战略,为员工提供更多的新职位机会;制定合理的晋升标准,杜绝资历等不合理的晋升规则。其次对于工作内容高原,组织不仅要为员工提供更多的培训机会,更重要的是创建学习型组织,营造良好的组织学习氛围(Allen et al.,1999);同时,要为员工提供

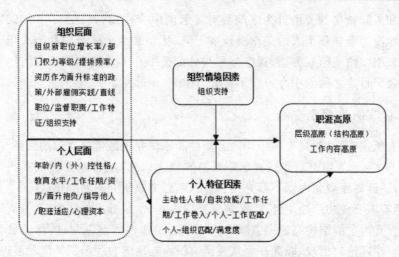

图 1-7　职涯高原影响因素及机制整合模型

职涯咨询服务,辅助员工制定合理的职涯规划,提升员工的工作自我效能。另外,组织在选人、用人上一定要注意人岗匹配,员工价值与组织价值的匹配,以确保和提升员工的职业适应性。

个人方面的策略:对于层级高原,个人要对职业生涯进行自我管理,职涯定位要清晰,晋升抱负要理性。此外,还要协调、兼顾职业与家庭及个人生活的平衡;对于工作内容高原,个人要主动参与各项培训、开发活动,积极寻求上级和同事的帮助。同时要积极帮助他人,对新员工和其他需要帮助的员工进行积极的心理、工作和职业上的辅导。

(2)职涯高原效果整合模型

由职涯高原效果整合模型可见(图 1-8),员工可能会经历层级高原、内容高原、专业高原的任一种或不同组合所带来的压力,会对个体的心理和行为产生影响。一方面,晋升无望、工作枯燥或专业成长受限等压力,会通过削弱个体晋升和工作挑战性期望的满足,降低工作卷入度、组织承诺、工作满意度等(个人特征因素),或减少组织支持、上级反馈以及工作多样性等(组织情境因素),来导致个体心理和行为负面反应的增加。另一方面,职涯高原压力对个体心理和行为的影响也会受到来自个体特征和组织情境方面因素的约束,如晋升抱负、指导他人、工作任期、自我效能等个人特征因素以及组织支持、工作特征、领导风格及个人—组织(工作)匹配等组织情境因素会增强或削弱高原压力产生的个体心理和行为的负面反应。该模型对组织如何有效缓解职涯高原压力的负面影响提供了策略和思路。

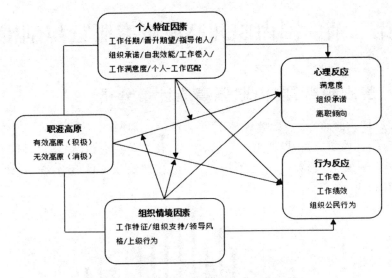

图 1-8　职涯高原效果及机制整合模型

　　职涯高原效果整合模型对组织人力资源管理实践有以下重要启示。首先,组织应尊重、承认高原员工的价值,给予他们情感和资源上的支持与帮助。如高度关注高原者的福利和幸福,增强高原员工的组织支持感;尊重高原员工,承认他们的贡献和价值,不能将他们归为"失败者"或被"束之高阁"(McCleese et al.,2007);重视对高原员工的投资,为他们提供培训和开发的机会,以更新他们的知识和技能(Stassen et al.,2009),使个人能力和工作需求得以匹配;拓展高原员工的工作范围、提升其工作挑战性,并为高原个体提供更多的决策参与机会。其次,个体应该看到职涯高原压力的积极一面,把高原期当作个人职业生涯的调整期;重新评估个人的职涯锚向,将个体对晋升期望的关注转移到专业、技术的发展上或对他人的职涯指导方面;积极发现自身优势,提升个人的工作自我效能等均可以有效缓解职涯高原的不良反应。

第二节　国内职涯高原研究概览与剖析

一、宏观视野：国内职涯高原计量分析

通过对"职涯高原[①]""职业停滞[②]"等关键词在知网(CNKI)中进行主题检索，并采用"或含"检索逻辑，以便更为精确、全面、有效地获取职涯高原领域的相关文献。如图 1-9 所示，剔除与主题不相关文献后，共检索文献 558 篇，时间跨度为 2000—2019 年。

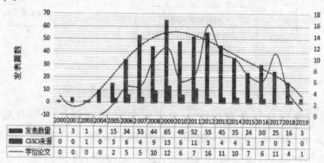

	2000	2001	2002	2003	2004	2005	2006	2007	2008	2009	2010	2011	2012	2013	2014	2015	2016	2017	2018	2019
发表数量	1	3	1	9	15	34	53	44	65	48	52	55	45	35	24	30	25	13	5	3
CSSCI来源	0	0	1	0	3	6	4	9	13	6	11	3	4	4	3	2	0	2	0	
学位论文	0	0	0	0	2	5	5	10	12	6	7	16	11	10	7	6	4	1	1	

图 1-9　截至 2019 年知网职涯高原主题发文量统计

资料来源：本文绘制

其中 CSSCI 来源 72 篇，硕士学位论文 63 篇，博士学位论文 9 篇。近年来，职涯高原主题文献发表数量基本呈正态分布，研究集中在 2007—2013 年，共计发表 362 篇，约占总发表数量的 65％，2014 年以后该主题研究基本呈下降趋势。由此可见，近年来职涯高原研究日渐式微，似乎高原现象已经消失或者似乎已不再重要。然而，事实上职涯高原是职业生涯发展过程中不可回避的现象与问题，并且大量研究已然验证了职涯高原的负面效果。为什么该问题会逐渐淡出学界研究的视

---

①　通过大量文献阅读，本研究发现国内将职涯高原或称为"职业高原"或"职业生涯高原"等，为此在知网中采用主题检索的方式，并使用"或含"检索逻辑，充分考虑以上不同命名的职涯高原文献。

②　国内也有研究者将职涯高原称为"职业停滞"，如以廖建桥和刘智强为代表的研究者均认为职涯高原是职业停滞的一个重要的研究议题。职涯高原属于流动性、成长性、责任性以及生活性停滞。因此将职业停滞或者职业生涯停滞作为主题词进行检索(参见刘智强.知识员工职业停滞测量与治理研究[D].华中科技大学博士学位论文，2005.刘智强，廖建桥.员工职业停滞的理论分类与现实判定[J].中国工业经济，2007(06)：21-29.)。

野？显然有必要从已有研究的回顾中去发现研究的脉络与问题所在。

本研究将采用文献计量学方法，如关键词共现分析、作者合作网络分析、文献和作者共被引分析以及多维尺度，利用社会网络分析工具 Ucinet6 和 Pajek5 以及 SPSS22.0 对国内职涯高原研究现状做一个宏观分析[①]，以发现和洞察该领域近年来的研究方向、热点及重要贡献者，从而为进一步的微观分析提供线索与指引。

（一）关键词共现分析

关键词共现分析是通过对文献间关键词共现关系的可视化，从中挖掘其内在的知识结构与关联，用来揭示隐藏在关键词背后的研究主题及主题之间的关系，从而透视该研究领域的热点、发展过程与趋势（Stassen et al., 2009）。本研究首先将知网导出的主题索引 xls 文件中的关键词重新保存并更改单元格格式，生成诸如"DE-职业高原；成因分析；应对策略|"格式、ANSI 编码、Windows 换行的 TXT 文档。然后运用 Bibexcel 软件构造关键词共现矩阵。过程中对抽取生成的关键词 OUT 文件进行数据清洗。主要剔除与主题不相关的关键词组；合并累计同义词相，诸如将"对策""应对策略分析""应对策略研究""应对举措"等合并累计于"应对策略"，将"职业高原影响因素"合并累计于"影响因素"，"职业高原现象"合并累计于"高原现象"，"职业高原期"合并累计于"高原期"，"知识员工"合并累计于"知识型员工"等。共抽取关键词 779 个，为了确保分析的准确性和简明性，本研究选择词频≥3 的关键词构建 100 * 100 关键词矩阵，如表 1-2 所示，并分别生成高频词共现相异矩阵和高频词共现及属性 Ucinet 文件。最后分别对以上数据进行关键词共现网络分析和多维尺度分析，具体结果如下：

表 1-2　职涯高原高频关键词共词矩阵（节选）

	高原现象	工作满意度	离职倾向	内容高原	影响因素	应对策略	职业高原	中心化高原	组织承诺
高原现象	0								
工作满意度	2	0							

[①]　Yan 和 Ding(2012)将文献计量网络分为 6 种类型 3 个层面，即引文网络、共引网络、作者合作网络、耦合网络、共词网络和主题网络，宏观、中观和微观三个分析层面。本研究主要采用宏观层面的计量分析，目的是识别职涯高原领域已有文献的整体结构特征，所以在计量中主要采用聚类分析方法对已有文献类别进行区分。

续表

	高原现象	工作满意度	离职倾向	内容高原	影响因素	应对策略	职业高原	中心化高原	组织承诺
离职倾向	1	15	0						
内容高原	4	1	1	0					
影响因素	2	0	0	0	0				
应对策略	8	0	0	0	2	0			
职业高原	18	30	29	11	10	53	0		
中心化高原	0	0	0	8	0	0	6	0	
组织承诺	1	9	11	0	0	0	12	0	0

注:为了表格呈现简洁本矩阵删除对角线上部对称数据,并将对角线数据转为"0"。

表1-3中职业高原的频次、程度中心性和中介中心性指数最大。程度中心性(Degree Centrality)衡量的是网络中节点的中心性地位和影响力程度,主要表现为该节点所拥有关系数的多少。而中介中心性(Betweenness Centrality)代表的是该节点占据网络中媒介位置的程度,占据的媒介位置越多则越具有控制力,也越重要(罗家德,2005)。职业高原节点相对程度中心性系数为10.844,相对中介中心性为40.582,该关键词在整个文献数据中出现328次。显然,职涯高原文献网络中其他关键词基本上都与职业高原之间存在连带关系。另外,发现国内学界对Career Plateau这一由 France 提出的概念有三种相近的翻译与称谓。相比职业生涯高原频次52,相对程度中心性1.925,相对中介中心性7.809和职涯高原频次6,相对程度中心性0.114,相对中介中心性0.048,职业高原是国内学者最常用的词汇。然而,不论哪一种名称,都不影响对职业发展过程中流动与个人成长等方面停滞现象的指称与解释。本书从职业生涯的视角,更倾向于职涯高原的称谓,并且相比职业生涯高原更为简洁。此外,还发现职涯高原原因、应对策略、工作满意度、离职倾向等均为高中心性词汇,意味着职涯高原领域的研究热点基本围绕这些主题词展开。

表 1-3　关键词共现网络节点频次及中心性指标（节选）

节点	频次	相对程度中心性	相对中介中心性
职业高原	328	10.844	40.582
高原现象	78	3.411	13.328
应对策略	75	3.087	3.367
职业生涯高原	52	1.925	7.809
职业生涯	45	2.058	5.897
工作满意度	34	1.563	0.407
护理人员	34	1.429	0.706
离职倾向	34	1.601	1.188
原因	29	1.391	0.710
职涯高原	6	0.114	0.048

　　进一步根据关键词共现矩阵绘制关键词共现网络，如图 1-10 所示，图中节点代表关键词，节点大小由关键词频次属性所决定，频次越高节点越大。节点之间的连线代表关键词之间的共现关系，连线的粗细由共现的次数决定，共现次数越多，连线越粗。另外，图中所示节点之间连线长度和距离并无实际意义。另外，节点颜色代表关键词的不同凝聚子群，子群的划分由关键词之间的关系程度决定，关系越紧密越倾向于同一子群。通过运行 Ucinet 聚类分析功能并绘制关键词网络图谱，可以清晰地看到近年来围绕关键词职业高原共有 4 个凝聚子群：以工作满意度、组织承诺、离职倾向、工作绩效等频次高、共现次数高的职涯高原效果研究子群；以影响因素、结构方程模型、产生机制等频次较高、共现次数较高的职涯高原影响因素探究子群；以层级高原、内容高原、中心化高原等频次较高、共现次数高的职涯高原概念及测量研究子群；以高原现象、原因、对策等频次高、共现次数高的职涯高原问题及对策研究子群。

　　为验证上述职涯高原主题的判断，本书利用 Excel 函数将职涯高原关键词共现矩阵转化为相异矩阵[①]，并使用 SPSS22.0 进行多维尺度分析，结果如下：

---

　　① 刘启元和叶鹰（2012）认为相似矩阵"0"值过多，有可能影响研究结果，而相异矩阵能够很好地避免这一问题的发生。因此，本书先将职涯高原共现矩阵转换为相异矩阵后再进行多维尺度分析（参见刘启元，叶鹰.文献题录信息挖掘技术方法及其软件 SATI 的实现[J].信息资源管理学报，2012,2(01):50-58.）。

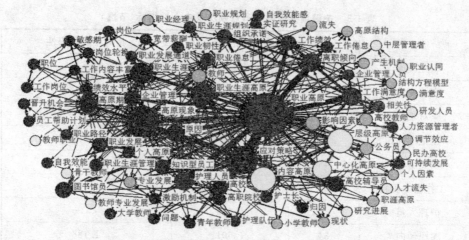

图 1-10 职涯高原关键词共现网络(2000—2019)

资料来源:本文绘制

由图 1-11 可见,根据关键词多维尺度分析结果,我们将近年来职涯高原研究领域聚类为 4 个研究主题。概念及测量主题,包括层级高原、内容高原和中心化高原等关键词;影响效果研究主题,包括工作满意度、离职倾向、组织承诺、工作倦怠、职业倦怠等关键词;影响因素研究主题,包括影响因素、结构方程模型、归因、形成机制等关键词;问题及对策研究主题,包括高原现象、晋升机会、岗位轮换、工作内容丰富化、职业路径、个人高原等关键词。

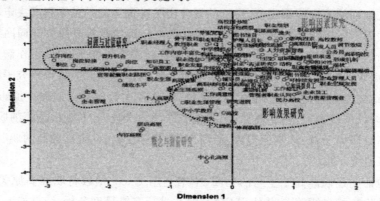

图 1-11 职涯高原研究领域主题分布(2000—2019)

资料来源:本文绘制

（二）作者合作网络分析

作者合作网络主要目的是为了发现研究领域内的作者合作结构与图谱以揭示领域内专家共用体的关联、群体划分、知识交流与传承情况（邱均平等，2013）。作者合作网络分析有助于快速识别和了解职涯高原领域重要的研究群体和作者，为进一步文献脉络、结构的深入分析提供重要线索。本书选取发文 2 篇及以上作者，利用 Bibexcel 构建作者共现矩阵，并使用 Pajek5.07 绘制作者合作网络图谱，如图1-12 所示。

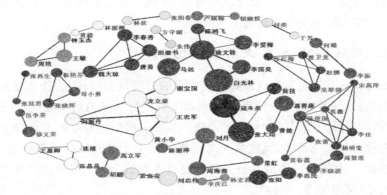

图 1-12　职涯高原作者合作网络

资料来源:本文绘制

图中节点代表作者,节点大小由作者发文篇数决定,节点越大说明作者发文量越多。节点之间的连线代表作者之间合作次数,连线越粗说明作者合作次数越多。节点颜色代表作者网络聚类,同一研究群体颜色一致。通过作者合作网络图谱发现,职涯高原研究领域有 3 个非常突出的作者合作网络,分别以凌文辁、张大均、龙立荣等高程度中心性作者为轴心的网络。并且三个网络中谢宝国与龙立荣、王忠军与黄小华、白光林与凌文辁及李国昊、寇冬泉与张大均等合作次数较高。高产第一作者主要有白光林、寇冬泉、谢宝国、马远以及王忠军等,在整个职涯高原作者网络中处于发文量领先位置。三个网络群体的成员分别来自国内组织行为及心理学领域的顶尖机构,凌文辁所在网络来自暨南大学管理学院,其中凌文辁为国内著名的工业心理学与人力资源管理学者,其与网络中合作者基本上都是师徒关系。张大均所在网络来自西南大学心理学院,虽然网络规模很小,但是其与弟子寇冬泉发文量在整个作者网络中处于较为领先地位。并且张大均为国内著名的教育心理学及社会心理学学者,其与弟子寇冬泉在教师职涯高原的概念与测量等方面做出了突出的贡献。以龙立荣为核心的网络来自华中师范大学心理学院和华中科技大学管理学院,其中龙立荣为国内知名组织行为学学者,其网络中合作者如谢宝国、王忠军、刘丽丹等与其均为师徒关系。

三个重要合作网络在职涯高原研究主题、研究方法上均存在差异与区别,张大均和寇冬泉所在网络主要研究教师群体的职涯高原现象,常采用定性研究和定量研究相结合的方法;以凌文辁及龙立荣为核心的网络主要研究的是营利组织和非营利组织中的员工高原现象及问题,常采用定量研究的方法,具体研究情况下面微观分析中会详细评述。此外,还有以刘丹、陈俊国为核心的网络,主要研究护理人员和医科大学教师职涯高原的现象和问题。

(三)文献与作者共被引网络分析

文献与作者共被引是考察领域内学术影响力的重要指标,通过文献共被引网络知识图谱的绘制可以更为清晰地认识和了解研究领域内的主题变化与研究历程,揭示科学领域的知识结构和发展趋势。共被引网络中较早的文献便于了解领域研究的背景和知识基础,而较后的文献则有助于了解领域的研究前沿和趋势。作为文献共被引的补充,作者共被引网络展现了领域内的无形学院以及研究领域之间的关系(陈超美等,2014)。

考虑到知网引文索引数据中参考文献的缺失,本研究首先从中文社会科学引文数据库检索与本研究主题相关的文献 73 篇,另一方面在 Notepad 中对知网没有参考文献的索引数据进行处理与编辑,总计获得具有标准 WOS 引文索引数据格式文献 450 篇。其次,利用 Bibexcel 抽取参考文献 2616 篇和被引作者 1022 人,并根据被引频次 5 次及以上,分别构建文献共被引 76 * 76 矩阵及作者共被引75 * 75矩阵。另外,为确保图谱的清晰与简洁,将参考文献由"AU+PY+TI+SO"[①]格式改为"AU+PY"格式,如"Ference,T. P. ,1977,Managing the career plateau,Acad manage rev"改为"Ference,T. P. ,1977"。最后利用 Ucinet 对文献及作者共被引矩阵数据进行处理和可视化分析,结果如下所示:

---

① 根据科学引文索引基本格式与规范,AU 代表作者,PY 代表发表年份,TI 代表题目,SO 代表期刊。

表 1-4　文献共被引网络节点频次及中心性指标（节选）

节点	频次	相对程度中心性	相对中介中心性
马远,2003	75	15.188	6.163
Ference,T. P.,1977	102	26.206	5.852
谢宝国,2005a	19	7.921	3.243
Feldman,D. C.,1988b	33	12.329	2.966
Tremblay,M.,1993	42	13.699	2.662
Chao,1990	26	13.937	2.268
寇冬泉,2007	20	8.398	2.159
Veiga,J. F.,1981	35	8.100	2.029
余琛,2006	12	7.088	1.836
寇冬泉,2006	32	7.266	1.646
谢宝国,2008b	23	10.006	1.594
Feldman,D. C.,1988a	22	8.577	1.510
谢宝国,2005b	28	5.658	1.144
白光林,2006	5	3.157	0.935

表 1-4 可以看到,在文献共被引网络中按照相对中介中心性进行排序,节点文献"马远,2003""Ference,1977""谢宝国,2005a""Feldman,1988b"等文献起着重要的中介作用,也就是说,这些文献在整个引文网络中起着重要知识交流和传承作用,是职涯高原领域重要的研究基础,所以共被引程度相对较高。如图 1-13,可以直观地看到节点"Ference,1977"和"马远,2003"最大,这两个节点中介中心性最高,即它们对其他节点具有控制作用,在职涯高原研究领域的引文网络中是不可回避的两篇重要文献。正如前文所述,文献"Ference,1977"提出了职涯高原的概念、分类及其应对,是职涯高原领域的开山之作。而文献"马远,2003"是国内首篇具有一定影响力的对西方职涯高原概念、测量、影响因素及效果、对策的综述性研究,成为该领域国内研究的重要基石。所以以上两个节点的共被引程度显然最高。

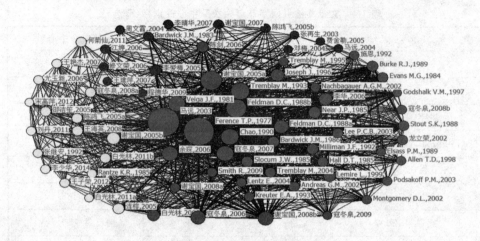

图 1-13　职涯高原文献共被引网络

资料来源：本文绘制

　　此外，"谢宝国，2005a""谢宝国，2008b""寇冬泉，2007""寇冬泉，2006"等节点均具有高水平的中介中心性，在引文网络中与诸如"马远，2003""Ference，1977""Chao，1990"等文献节点共被引程度较高。

　　进一步对文献共被引网络进行聚类分析发现，蓝色聚类为职涯高原的问题及对策式研究，偏向于职涯高原现象的理论探讨。该聚类中，中介中心性最高的节点"李爱梅，2005"主要探讨了职涯高原现象产生的原因及对策，其他中介中心性相对较高节点"李晴华，2007""谢宝国，2007""Bardwick，1983"以及"陈鸿飞，2005b"等基本上都是围绕职涯高原问题、原因及对策等展开分析和论述。黄色聚类为职涯高原的维度、测量及影响研究，偏向于职涯高原概念内涵、测量以及影响因素与影响效果方面的实证分析。该聚类中"寇冬泉，2008a"构建了职涯高原的概念模型和维度，"白光林，2011b"和"白光林，2011a"以及"李少华，2014"等节点文献均验证了职涯高原的效果，而"刘丹，2011"则对职涯高原的影响因素进行了实证分析。以上这些文献在职涯高原领域中引领着领域研究的前沿和方向。引文网络中最为重要的红色聚类可以说是整个文献共被引网络中的核心类别。如果说黄色和蓝色聚类是职涯高原问题领域研究的过程与发展，那么红色聚类就是职涯高原研究进程的重要基石。该聚类中既有经典的基础性研究，如"Ference，1977""Bardwick，1986"等界定了职涯高原的基本内涵，以及"Lee，2003"对内涵的进一步发展做出了重要贡献；又有范式的革命与突破，如"Chao，1990"改变了职涯高原的测量方式，以及"Milliman，1992"开发了职涯高原主观测量量表被领域后续研究奉为圭臬。此外，与以上经典文献共被引的国内文献有"马远，2003""寇冬泉，2007""谢宝国，2005a"以及"谢宝国，2008b"等，它们均为国内职涯高原领域的开创式和基础性研究。所以这些研究中介中性均很高，控制着整个引文网络的知识流转与传承。

如图1-14所示，作者共被引网络很好地诠释和印证了上述文献共被引网络的分析与结果。国内职涯高原作者共被引网络中，共被引频次最高的节点主要由"Ference""谢宝国""马远""寇冬泉""Chao"以及"Tremblay"等高被引作者组成，这些高频共被引作者成为该领域的重要贡献者。不同研究者的关注方向为职涯高原领域知识结构、范式形成、发展与转变奠定了基础。如Ference作为领域的开拓者，提出职涯高原的概念，并阐释了高原的内涵；Tremblay为职涯高原影响因素的探索做出了重要贡献；Chao改变了职涯高原科学测量的方法，为后续实证研究奠定了基础；而国内研究者谢宝国提出了中心化高原（趋中高原），进一步丰富了职涯高原概念的内涵，推进概念维度的多元化发展；寇冬泉则对国内教师行业情境中的职涯高原现象的阐释与解构做出了重要的贡献。

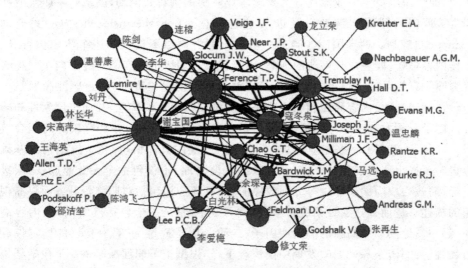

图1-14　职涯高原作者共被引网络

资料来源：本文绘制

综上，通过关键词共现、作者合作网络、文献共被引以及作者共被引网络的分析，概览国内近年来职涯高原研究的发展特点、历程及方向，发现该领域研究主要聚焦于四个方面，即职涯高原的问题及对策分析、职涯高原的影响因素探究、职涯高原的影响结果验证以及职涯高原概念内涵及测量方面的研究。并且职涯高原领域逐渐形成以凌文辁、龙立荣、张大均等为核心的高影响力研究团体,寇冬泉、谢宝国、王忠军、马远以及白光林、李爱梅、余琛、连榕、刘丹等成为该领域高产且高被引的研究者。本书将进一步从微观视角对以上几个方面进行剖析和论述。

二、微观视野:国内职涯高原研究进展

(一)概念内涵的拓展及测量

如前文所述,职涯高原(Career Plateau)是西方职业生涯研究领域的一个热点词汇,描述的是职业生涯某一时段,个体晋升机会缺失、工作内容枯燥、专业成长受限的一种职业生涯状态。在国内职涯高原研究历程中,有研究者结合相关理论或情境对职涯高原的概念内涵及测量做了进一步的拓展。

如图 1-15 所示,根据组织行为学家沙因(Schein)提出的组织内职业流动三维模型,即组织中员工职业流动分为攀爬职业阶梯的垂直式流动,围绕同一职层变换职责或部门的圆周式流动以及进入组织核心圈(on the inside)的向心式流动(Schein,1971)。谢宝国(2005)进一步提出职涯高原不仅仅描述个体职位晋升、工作内容枯燥、职业成长停滞的现象,而且涉及在职级不改变的情况下向组织核心权力圈子靠拢可能性很小的现象。在职涯高原的测量维度上,假定职涯高原是一个包括层级高原、内容高原和中心化高原三维结构组成的构念,并通过探索性和验证性因子分析发现三维结构清晰、因子负荷较高、信度良好,并具有较好的拟合效果。寇冬泉(2007)则根据国内教师职业生涯发展的具体情境,在三维结构的基础上进一步提出职级高原的概念,认为教师职涯高原,不仅包括个人专业成长、层级升迁、向核心权力圈子靠拢等方面的停滞,而且还应该包括对职称晋升方面停滞现象的描述。进而通过实证研究发现,教师职涯高原是一个包括层级高原、内容高原、趋中高原和职级高原的一阶四因子、二阶一因子模型,并具有良好的稳定性和可靠性。此外,余琛(2006)发现中国情境下,知识型员工职涯高原是一个包括结构高原、内容高原和生活高原的三因素模型,并且该模型具有良好的拟合效果。还有研究者结合心理需求与职业发展,通过探索性和验证性因子分析发现职涯高原包括需求满足高原、工作心态高原、技能信心高原以及职位发展高原(白光林,2011)。

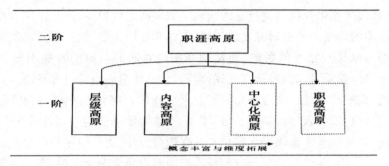

图 1-15　职涯高原概念及维度拓展

资料来源:本文绘制

(二)效果及影响因素的检验与探索

首先,在职涯高原的影响效果上,国内研究主要集中于职涯高原对工作绩效、工作满意度、组织承诺、离职倾向等结果变量的影响。工作绩效方面,有研究发现结构高原、中心化高原对工作绩效具有显著的负向影响,而内容高原、生活高原与工作绩效之间关系不显著(余琛,2006;李少华等,2014)。然而,也有研究发现结构高原、内容高原与工作绩效均不存在显著关系,中心化高原和职级高原对工作绩效具有显著作用,其中,中心化高原对工作绩效呈显著负向影响,职级高原对工作绩效呈显著正向影响(徐蓉等,2013)。工作满意度方面,有研究发现层级高原与工作满意度不存在显著关系,而内容高原和中心化高原对工作满意度具有显著负向影响(谢宝国等,2008)。此外,有研究发现包括需求满足高原、职位发展高原、工作心态高原和技能信心高原一阶四因子结构的职业高原同样对工作满意度具有显著的负向影响(白光林等,2011a,2011b;白光林,2015)。组织承诺方面,有研究者发现职涯高原对组织承诺具有显著负向影响(袁淑玉等,2016),并且中心化高原、内容高原具有显著的预测效果,而层级高原则不显著(刘丹等,2013a)。在离职倾向方面,谢宝国和龙立荣(2008)研究发现职涯高原对离职倾向具有显著影响,其中,层级高原和内容高原对离职倾向作用显著,但是中心化高原作用不显著,并且工龄在层级高原与离职倾向之间起着显著的负向调节作用。另外,白光林等(2011)也证实了职涯高原显著增加了员工的离职倾向,并且工作满意度和组织承诺在职涯高原与离职倾向之间起着部分中介作用。

其次,在职涯高原的影响因素上,有研究发现来自个人方面的成就动机因素、家庭方面的工作——家庭冲突因素以及组织方面的工作支持因素对层级高原和内容高原分别具有显著影响(白光林等,2013)。李忠民和张阳(2012)研究发现领导授权、工作挑战性以及组织支持显著削弱了职涯高原的程度,而工作压力显著增加了职涯高原的程度。另有研究发现年龄、工作和任职年限、学历以及职位和企业性质对职涯高原具有显著的影响,而性别和婚姻对职涯高原的影响不显著(李沫,2013)。此外,曾垂凯(2011)研究发现德行和仁慈性领导均对内容高原具有显著的负向影响,而威权领导对内容高原有着显著的正向影响,对于中心化高原,仁慈领导的影响为负,威权领导的影响为正,并且三种领导风格均对层级高原影响不显著。此外,该研究还发现领导一成员关系在德行领导、威权领导与内容高原之间起着部分中介作用,在仁慈领导与内容高原之间起着完全中介作用,在仁慈领导与中心化高原之间起着部分中介作用,在威权领导与中心化高原之间起着完全中介作用。

(三)相关实践领域职涯高原的应对

已有研究就职涯高原的应对,从不同学科及实践领域做出了回应。针对企业员工、公务人员、图书馆员、教师、医护人员等不同行业人员的职涯高原问题给出了相应的解决方案。

如有研究针对企业员工的职涯高原问题,从组织和个人两个层面提出应对。组织层面,要注重工作设计通过工作丰富化、岗位轮换等来丰富员工的工作内容,缓解高原压力。另外,要提倡技能型和知识型的报酬与激励体系,提供多重职业发展通道。企业还要进一步完善培训体系,对员工提供相应的职业培训以更新和提升员工的职业知识和技能。最后,企业要为员工提供内在职涯规划和职涯咨询,使员工感受到工作的价值和意义(邵洁笙等,2005;宋志强等,2011;修文荣,2006;马远,2009)。个人层面,员工要不断学习,及时更新和提升个人的知识和技能,从而获得更多的职业发展机会。要积极做好职涯规划,建立明确的职业目标。另外,要敢于承担富有挑战性的工作,增加个人的工作投入;建立良好的人际关系,增加归属感和认同感(马远,2004;陈鸿飞等,2005)。针对教师职涯高原问题,有研究指出应从个人、组织和社会方面去应对。个人方面:提升个人的职业认同感;制定恰当、能够达成的职业目标;保持健康的工作心态,提高个人的职业韧性;积极开展行动研究,提升工作的挑战性;处理好个人工作与家庭之间的关系。组织与社会方面:增强社会对教师的职业支持,提高教师的职业待遇;完善组织晋升通道;构建有效的教师激励机制,为教师提供更多的心理支持等(寇冬泉等,2008;惠善康等,2010;陈斌岚等,2016;连榕等,2005)。针对医护人员高原问题,有研究同样从个人和组织的视角给出了相应的对策,首先通过工作重新设计如工作轮换、工作丰富化等方法进一步丰富医护人员的工作内容,从而减少职涯高原的压力和负面影响;其次要进一步承认和重视医护人员工作的价值和意义,并给予相应的决策参与权等,从而减轻中心化高原的负面影响(刘丹等,2013b;尤莉萍,2015);最后对于图书馆员的职涯高原,相关研究也基本上从个人的重新定位、学习成长以及组织的工作设计如岗位轮换、工作丰富化,以及培训开发、多重激励、职涯规划等视角给出了相应的策略(刘武宏等,2009;王雪莲,2009)。

第三节　职涯高原研究的反思

通过对以上中西方职涯高原相关文献的梳理发现已有研究主要存在以下三个问题,即职涯高原概念上的偏执,效果上的矛盾以及反应上的被动。

一、职涯高原概念上的"污名化"

Ference(1977)指出职涯高原是一种组织结构所决定的自然结果,组织中高阶职位总是远远少于个体的晋升抱负,因此几乎所有的管理者都会触碰到向上晋升的瓶颈。尽管 Ference 一再强调职涯高原并不代表任何负面的结果,但是这种基于职位等级与威望的职业生涯发展观,很容易使研究者将职涯高原概念理解为一种消极的压力。如 McCleese 等(2007)在回顾职涯高原文献的过程中发现职涯高原一直被看作一种具有压力的职业生涯经历。因而司空见惯的逻辑是职涯高原将导致个体工作压力加剧,从而对工作行为和结果产生负面影响。

这也证实了 Barley 的观点,他指出垂直流动在职涯研究中根深蒂固,很多职业理论家将垂直流动作为职涯研究的必要条件,倾向于根据权力等级,从威望的视角来构建职涯发展的框架。然而,实际上垂直流动只是职业流动的其中一种,并且垂直流动并不是构建职涯路径的最重要路标。原因如下:第一,垂直流动观会限制职涯概念应用的工作类型,很多职业可能会因此而被忽略;第二,现实中存在很多有意义的职业并不涉及权力或控制层级,从事这些职业的个体通过在工作环境中的流动、跨地域的流动、人际网络中的流动,甚至待在一个地方通过对工作本身的精熟与掌握所带来的自我认同感等来建构职涯的意义;最后,强调垂直流动观无形中将个体束缚在将晋升等同于成功的道德观内。并且那些获得更多收入、权力的人并不总是被视为成功的人，成功只能用亚文化的标准来定义（Arthur et al.，1989）。

由此可见，职涯高原只是个体职业生涯发展过程中的一个自然阶段，并不必然意味着消极压力的产生以及由此造成的工作满意度下降、组织承诺减少及绩效下滑等负面结果。职涯高原很大程度上预示着个体对平衡的一种重新考量，平衡工作与家庭之间的关系，平衡个人需求与能力之间的关系、平衡职位晋升与专业成长之间的关系、平衡与同事及上下级之间的关系等（Bardwick，1986）。

二、职涯高原效果上的大相径庭

关于职涯高原的影响结果，学界莫衷一是。一部分证据显示在工作满意度、工作绩效、组织承诺、离职倾向等方面高原员工与非高原员工并无显著差异，甚至在某些结果上，如工作满意度、组织承诺上高原员工显著优于非高原员工（M. G. Evans，1984；J. P. Carnazza，1981；杨丹荷，2006；Slocum Jr. et al.，1985；Ettington，1992；Ettington，1993；Veiga，1981b）。然而，大多数研究却证实了职涯高原的消极作用。如有研究发现职涯高原显著降低了员工的工作满意度（Lentz et al.，2009；Tremblay et al.，2004；谢宝国等，2014；袁淑玉等，2016），并削弱了员工的组织承诺，增加了员工的离职倾向等（Drucker-Godard et al.，2014；Kim et al.，2015；白光林，2015；白光林等，2013）。

以上职涯高原效果的矛盾可以用职涯高原概念提出者 Ference 的观点来解释，Ference 指出高原员工包括低绩效的枯木型（Deadwood）员工和高绩效的可靠公民型（Solid Citizen）员工。如图 1-16 所示，个体从进入到退出职业生涯过程中，都会经历学习、晋升、高原等职涯发展过程。根据个体在其职涯阶段绩效水平与晋升可能性将其分为四类，即刚步入职业生涯的学习者，高绩效、高晋升前景的明星员工，高绩效、低晋升可能的可靠公民型员工，低绩效、低晋升、不能胜任工作的枯木型员工。Ference 进一步指出由于金字塔式组织结构的原因，职涯高原是任何员工都不可避免的，即所有员工都会经历职涯高原阶段（Ference，1977）。显然，职涯高原并不是一个负面词汇，那些有效高原的员工之所以保持高承诺、高绩效等正面结果与其在高原期积极的工作态度和行为有着必然的联系。所以，如何防止无效高原及负面结果的产生，让每一位高原员工都能成为有效高原的员工，势必需要对有效高原员工的特征进行探索和研究。

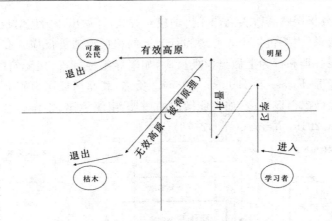

图 1-16　职业生涯发展动态过程
资料来源：根据 Ference(1977)改编

职涯高原效果的好坏实则是个体对职涯高原压力的反应不同而引起的。职涯高原作为一种特定的压力（Ference et al.，1977；Bardwick，1986；Allen et al.，1999；Song et al.，2019）在个体职涯过程中往往被极力回避（McCleese et al.，2007）。然而，如前文所述，面对同样的高原压力并不是所有个体都表现出消极的反应。究其原因在于压力强调的是个体（个体特征）与环境刺激（压力源）之间的交互关系。所以压力评价与反应不仅仅取决于外在刺激，还要考量个体特征（Lazarus et al.，1984）。不同个体对高原压力在心理、行为和认知上存在差异，因而反应亦有不同（McCleese et al.，2007），这在很大程度上解释了职涯高原结果的矛盾。

根据 Lazarus 等(1984)和 Parker 等(1982)的观点，本书构建了职涯高原压力模型，如图 1-17 所示，职涯高原压力是由来自组织和个人层面因素所构成的潜在压力源引起，这些潜在压力源能否真正产生高原压力，取决于个体对压力源的感知与评价。个体往往根据自身心理特征、需求和能力并结合所处的组织情境相关因素对职涯高原的潜在压力源做出初次的判断与评价，并由此产生第一层结果[①]即职涯高原压力。同时，个体通过对潜在压力源的把控性进行判断，从而将职涯高原压力区分为具有挑战性的积极压力和具有威胁性的消极压力。由于以上两种类型的高原压力持续时间较长、强度较大，所以针对如何应对高原压力个体会做出再次评价。再次评价中，个体根据自身心理特征和能力以及组织情境中的资源、机会及

---

① Parker(1983)指出第一层结果是相对于由压力引起的心理和行为偏差的长期结果（即第二层结果）而言的，第一层结果是一种对压力感知的短期心理状态。

不确定性等,分析缓解和改善高原压力的应对方式,并做出压力应对反应。此过程产生第二层结果,主要包括个体心理和行为上的积极或消极反应。高原积极压力会促使个体在心理和行为上做出积极反应,如辅导年轻员工、接受新的工作任务、学习新的技能等(Elsass 和 Ralston,1989)。反之,高原消极压力则会导致个体在心理和行为上做出消极反应,如离职倾向的增加、组织承诺、工作满意度的降低等(Song 和 Kim,2019;Yang et al.,2018)。

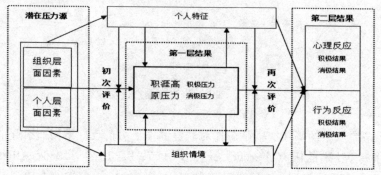

图 1-17 职涯高原压力模型

由此可见,对高原压力的不同感知与评价,以及个体所持有的资源和能力,促使个体对高原压力产生不同的反应和应对,这一机理与过程一方面解释了以往研究结果矛盾的现象,另一方面也为职涯高原的积极应对提供了可能。

三、职涯高原反应上的孤立与被动

尽管 Elsass 和 Ralston(1989)提出职涯高原压力循环模型,探究了高原员工如何对职涯高原压力做出不同的反应,强调了个人与组织因素在职涯高原压力反应中的调节作用。然而,正如 Rontondo(2000)指出的,学界关于职涯高原压力的应对反应基本充斥着一种消极的反应方式。片面、孤立地看待个体的职涯高原反应,将个人视为一个"刺激—反应"下的简单生物体,无视个人在面对职涯高原压力时的个人感知与评价,忽略了个体资源和能力在职涯高原应对中的作用。如普遍关注离职行为、工作以外活动的转向、工作数量和质量的减少与下滑等行为反应。虽然某种程度上或多或少缓解了员工的职涯高原压力,但同时给组织和个人均造成了一定的损失(Rotondo et al.,2000)。相反,对于职涯高原压力积极反应方面的研究很少,尤其对于如何防止高绩效的可靠公民型高原员工退化为低绩效的枯木型高原员工的问题鲜有关注。

第二章　积极职涯高原问题的提出

尽管职涯高原概念是一个"舶来品"，但作为"高原"现象，却不因地域而存在，其是个体职业生涯过程中不可回避的阶段。上一章通过对职涯高原研究的回顾与反思，发现已有研究尽管在职涯高原的概念、测量以及机制等方面做出了一定的贡献和理论推进，但同时也存在一些问题。以此为契机，本章在对积极职涯高原有关研究的梳理以及职涯高原相关概念界定的基础上，提出本书的主要问题、目的及思路。

第一节　积极职涯高原研究契机与兴起

如上文所述，对于职涯高原的结果，大多研究充斥着负面的论调，并从不同方面提出如何预防或减弱职涯高原的负面影响①。然而，也有研究指出，积极或有效的职涯高原应对与管理，会增加高原个体的工作满意度、促进良好的员工关系、减少离职倾向等(Ongori et al. , 2009)。在职涯高原效果及机制研究中，诸如指导他人、晋升期望等个人特征因素会调节高原对相应心理和行为结果的影响程度，但已有研究并没有从个体积极主动应对的角度对这些变量进行解释。只有少数研究诸如 Bardwick(1986)、Elsass 和 Ralston(1989)、Ettington(1994)以及 Rotondon 和 Perrewe(2000)对职涯高原的主动应对给出了相应的思路与启发。

---

① Fernandez,D. R. Career Plateau Response as a Function of Personal Coping Strategies[D]. Florida: The Florida State University,1996.

一、Bardwick：跳出"职涯高原陷阱"

Bardwick(1986)指出职涯高原不仅仅描述的是一种晋升停滞的层级高原、工作内容枯燥乏味的内容高原等职涯事实，同时也是一种感觉，一种心理状态。在工作场所中，每一个人都会遇到职涯高原的状况，然而，社会普遍接受的基于外在标准的职业成功观以及"职涯高原"词汇的字面含义，将原本中立、不存在价值偏向的职涯高原事实解释为一种负面现象，从而误入"职涯高原陷阱"。

事实上，对生活、工作的满意往往也意味着一种职涯高原的状态，因此职涯高原并不完全是消极的。只有当高原事实及其感知使个体人际关系、工作、生活失去活力时，个体才会将职涯高原视为一种压力并给予相应的应对与反应(Bardwick，1986)。Bardwick(1986)进一步指出跳出"职涯高原陷阱"首先必须要认识高原现象并不一定是负面的，但是职涯高原的个人感知有可能是负面的，因此需要个体积极、主动地做出应对与反应。其次，必须进一步扩展个体对职业成功的认知，将职业成功的定义扩展到工作中不断学习、富有成效、不断成长和变化的个人身上，而不仅限于晋升、薪水等突出的个体。在此基础上Bardwick(1986)提出跳出"职涯高原陷阱"的个体主动应对有改变对职业成功的看法、愿意接受并主动做出改变、持续的学习并扩展与更新专业知识和技能、指导和训练年轻员工、利用自己的专业知识参与社区和志愿者活动、社会关系和网络的投入与维护、关注工作以外其他事项并尽可能保持工作—生活的平衡、不断激励自己并承受不确定性和勇于冒险、改变旧有的习惯、具有同理心和耐心等。

二、Elsass：职涯高原压力反应模型

Elsass和Ralston(1989)根据压力理论建立职涯高原压力循环模型(图2-1)，描述了个体对高原压力应对的过程。该模型指出高原压力应对反应的选择受到组织情境因素和个体特征因素的调节。职涯高原压力模型回答了高原压力下为什么一些员工会继续保持好的绩效水平，而另一些员工绩效却会下滑。

在该模型中高原压力被看作是第一层结果，是一种短期反应，如紧张、焦虑、抑郁等，它是由个体期望的职业结果和现实职业状况的差距所决定的，差距越大，个体感受到的职涯高原压力也就越大。并且这种压力会随着个人对未来工作预期的持续增加而不断累积，直到超出个体压力承受的范围后，高原压力会促使第二层结果的产生，即个体对职涯高原压力的应对反应。这种应对反应主要分为三类，即转变、重新评估和防御。其中，转变(包括改变角色、退休或者选择新的工作等)和重

新评估(包括选择性忽视高原压力、重新安排生活的重点、个人需要和价值的改变等)通过减少感知的职业差距大小来缓解高原压力,而防御(包括否认、消极的接受,或者其他酗酒等行为)则是直接通过减少高原压力产生的不适,来缓解压力大小。第二层结果即高原压力的应对反应包括积极的应对反应,如学习新的工作技能、工作横向流动、参加项目小组等、指导他人、寻求基于任务完成而非晋升取向的回报等。此外,还包括消极的应对反应,如离职、谴责、疏远、充满敌意、工作或心理退出、缺勤、绩效的降低等。

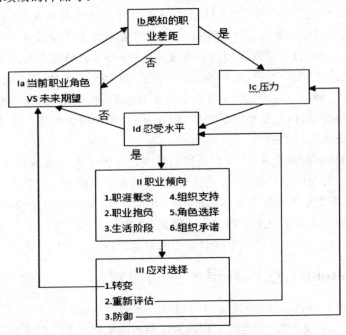

图 2-1 职涯高原压力循环模型

资料来源:根据 Elsass 和 Ralston(1989)翻译并绘制

并且,职涯高原压力与高原压力的应对之间受到个体特征因素(包括个人层面的职涯概念,如职业动机、职业评价以及生活阶段)和组织情境因素(包括组织支持、角色选择和组织承诺)的调节。Elsass 和 Ralston(1989)提出以下六大命题:命题 1,持有基于组织奖励职业概念的高原个体往往采用消极的或防御性的应对反应,反之采用非组织奖励职业概念的高原个体则采用积极的应对反应;命题 2,具有较高职业评价的高原个体会选择积极的转变或重新评估等应对反应策略,反之则选择消极的重新评估或防御性的策略;命题 3,处于生活阶段早期的高原个体往往选择消极的转变应对反应,而处于生活阶段后期的高原个体则选择积极的重新评估策略;命题4,获得组织支持的高原个体往往选择积极的重新评估策略,反之则选择消极的转变、重新评估和防御等策略;命题5,获得角色选择的高原个体往往采用积极的转变和重新评估策略,反之则选择消极的重新评估和防御策略;命题6,高组织承诺高原个体会选择积极的反应策略,反之则选择消极的应对反应策略。

三、Ettington:成功职涯高原

Ettington(1992,1993,1997,1998)通过对可靠公民型高原员工的关注,提出成功职涯高原的概念,即指那些在绩效、工作和生活满意度方面表现水平较高的高原员工。Ettington(1993)发现相对于非成功高原员工,成功高原员工感知的组织支持、工作挑战性、主管支持、组织重用、工作卷入和薪水水平显著较高。由此,Ettington(1997,1998)进一步指出,如个体乐观的态度、职业锚(如技术型职业锚)、被组织重用感知、组织气候与组织支持、职业咨询、工作挑战性等个体或组织情境因素解释了成功高原的原因。

从Ettington的视角来看,职涯高原不仅仅是一种个人感知的心理状态,直接对个体态度和行为产生负面影响,更重要的是,职涯高原也是一种客观存在的职涯事实,通过影响组织及组织内群体(如上级、同事、下级)对高原员工的评价与支持,从而间接影响高原员工的态度和行为。因此,成功高原不仅取决于个体对高原压力的正确、积极应对,也是组织支持和组织内群体影响的结果。

四、Rotondo:职涯高原的主动应对

Rotondo(1996)将采取积极应对的高原员工视为有效高原员工,是指那些绩效水平高、工作态度积极(如高的工作满意度和组织承诺水平),但晋升可能性很小的员工。这一概念似乎与Ference等(1977)提出的可靠公民型高原员工相似,都强调了高绩效的特征。然而,Rotondo指出Ference等(1977)的可靠公民型高原员工,从组织角度来看是高绩效的有效高原员工,但从个人角度来看,这些高绩效的高原个体很可能对其职涯发展并不满意。所以有效高原具有二元性,对组织来说属于积极的高原反应而对个人却未必(Rotondo,1996)。

然而,已有研究基本都从组织视角去考察职涯高原的反应,忽视了个人对职涯高原的应对反应。为此,Rotondo根据Elsass和Ralston(1989)的职涯高原压力循环模型构建职涯高原反应模型(图2-2),该模型指出职涯高原压力事实上是一个压力反应与应对的过程,个体根据自身特征因素会对职涯现状和预期间的不一致

程度进行第一次压力评价,从而确定职涯发展压力的程度。接着,个体根据自身特征因素以及组织情境因素对职涯高原压力源进行第二次评估,从而采取相应的压力应对反应,如积极反应(指导他人、成为职能专家、参加任务小组、重新评估压力、寻求支持等)和消极反应(责怪与抱怨、离职、工作懈怠等),目的是消除或者减弱职涯高原压力。不同的压力应对策略会产生不同的高原反应结果,如低绩效、低承诺的消极反应和高绩效、高承诺的积极反应(Rotondo,1996)。

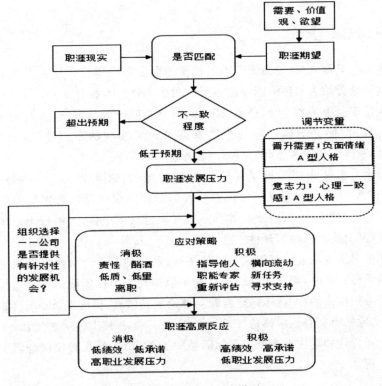

图 2-2　职涯高原反应模型

资料来源:根据 Rotondo(1996)翻译并绘制

第二节 相关概念的厘清与界定

一、职业与职涯

(一)职业

职业具有双重含义,脱离于劳动者视角的职业等同于社会分工体系下的岗位或工种。结合劳动者视角的职业是指个体在社会分工体系中所从事的具有专业技术特征和特定业缘关系,能够稳定、持续地获取相应收入与报酬,从而规定了个体的角色与身份,促进个体才能与个性发展及意义实现的专门性工作(潘锦棠,1991;周文霞,2004;袁方等,2003;童星等,2001)。

由以上定义可见,职业除了具有专业性、业缘性、稳定性、经济性等特征以外,还强调职业对于个体的意义与价值性。人的存在不仅仅是作为生物体生命的存在,更是作为道德生命的存在[①]。作为一个寻求意义的个体,人的行为不单单诉诸工具理性,同时还寻求价值理性[②]。

因此本书认为职业不仅仅只是一种持续、稳定地获取经济回报以满足个体基本需要的手段。同时,职业还是个人自我价值实现与道德实践的主要途径。正如马克斯·韦伯指出的,职业一词蕴含着某种伦理的内涵,德语中"Beruf"(职业或者志业)更明确的英文表达应该是"Calling"(天职),是一种责任或者使命,个体把尽职守则地履行这种责任视为个体道德活动的主要形式,而获利仅仅是忠于天职的结果与表现。

(二)职涯

职涯的传统定义倾向于关注职涯的客观方面,如维伦斯基(Wilensky)将职涯定义为个体所经历的一系列按照等级和声望排列的相关工作序列流动的过程。并

[①] 曾昭旭.论学《论语》所论的是那一种学?[J].鹅湖月刊,2012(449):1-7.

[②] 曾昭旭.见群龙无首吉——以儒教为例试论人文教的发展历程[J].宗教哲学,1998(14):55-61.

且该定义影响了包括罗森鲍姆(Rosenbaum)、霍尔(Hall)等很多重要的职涯研究学者(Arthur et al.，1989)。如 Arthur 等从结构的角度来定义职涯，将职涯看作时间序列上的一系列按声望等级有序排列的工作集合。显然，传统职涯概念倾向于将职涯视为一条由权力和声望等级搭建的职业发展路径，晋升被视为职业成功的标准。因此常见的诸如"职业阶梯""职涯高原""晋升""降职"甚至是"水平流动"等关键词都与垂直流动有着直接的关系，垂直流动观念在传统职涯研究中占据重要地位。

　　然而，随着技术进步、经济全球化以及组织变革浪潮的掀起，传统组织内雇佣模式面临挑战，组织与个人之间的心理契约，更多呈现出一种交易性的特征，个体从组织获得资源、终身雇佣和晋升机会的可能越来越小。在此背景下，有研究指出职涯概念内涵发生改变，即经历了从传统限于组织内发展向无边界职涯(Boundaryless Career)、易变职涯(Protean Career)以及组合式职涯(Protfolio Career)不断拓展的过程(Mallon et al.，2005)。职涯的无边界性意味着职涯已经跳出传统限于单一组织内，按既定线性垂直流动的组织内路径的窠臼，强调跨组织的职业流动机会(Arthur et al.，1996)。职涯的易变性强调职涯的自我管理、价值驱动的职业决策以及职业成功的个人意义(Hall，2004)。而职涯的组合性强调的则是个体作为自由职业者更多地依赖于专业与不同组织间的契约关系(Templer et al.，1999)。

　　以上职涯概念内涵拓展的共同点表现为，职涯由传统组织导向逐渐向个人导向转变，由客观职涯逐渐转向主观职涯转变，职涯的边界由组织边界逐渐向能力、技能等专业性边界过度，并且学习和开发新的技能和能力成为个人职涯重要的核心特征(Carolina Machado，2016；Mallon et al.，2005；Savickas et al.，2009)。

　　尽管从职涯概念的演进过程来看，职涯概念内涵逐渐由客观向主观、由组织向个人、由职位向专业转向，然而并不能完全从割裂的单一视角来诠释。职涯具有主观和客观的二元性，主客两面是相互依存的，单一的客观或者主观视角都会限制对职涯的认识(Arthur et al.，2005)。正如 Huges[①] 指出，职涯包括客观和主观两个方面，职涯的客观表现为不同职位上的角色，主观表现为个人、社会所期望的身份获得。身份和角色一体两面，角色是身份的镜像。因此本书认为，职涯可以被看作是在时间序列上围绕职责完成，而经历的一系列职位、地位和角色以及由此而获得

---

① Hughes,E. C. Institutional Office and the Person[J]. American Journal of Sociology，1937，43(3)：404-413.

的身份实现与生命意义达成的过程。

综上所述,当前职涯的内涵可以从以下四个方面来理解:职涯环境是紧张的、变化的劳动力市场,而非松散的、稳定的劳动力市场;职涯目的是个体社会身份的获取与生命意义的实现,而非单纯晋升导向的职业成功;职涯主体是个人而非组织;职涯行为是个人特征、经验与环境变化相互作用下的权变行为,而非稳定的、静态的、抽象的职业匹配与发展等可预测性行为;职涯过程是个体完成不同职责和扮演不同角色下的职业流动过程,具有动态性、灵活性、多样性,强调个体的学习能力、就业能力以及个人机会的创造能力,而非稳定的、按照既定职涯阶段、限于组织边界和社会秩序的预先设定的线性流动过程。基于以上四方面的诠释,可见职涯已成为个人的生活轨迹,是一个权衡不同生活领域下的自我设计与建构的过程。个体通过参与职涯过程中不同的活动与角色扮演,识别与核心自我相关的重要活动,通过这些活动以及经验交流从而达成构建自我的最终目的(Savickas et al.,2009)。

二、职涯高原与积极职涯高原

(一)职涯高原

如前文所述,在职涯高原概念上具有重要贡献的研究主要有 Ference 等(1977)、Bardwick(1986)、Feldman 和 Weitz(1988)以及 Lee(2002,2003)。以上研究对职涯高原概念内涵的解释可以分为三类。第一类由 Ference 等(1977)提出的职涯高原,是指组织内垂直流动受限的一种职涯状态,又称为结构高原或层级高原;第二类由 Bardwick(1986)提出的工作内容高原,是指组织内横向流动受限的一种职涯状态,往往表现为工作枯燥、缺乏挑战性等特征,Feldman 和 Weitz(1988)进一步指出那些形式上实现了向上流动,但实质上工作职责并没有增加的员工也处于职涯高原的状态,这种工作职责受限的状态其实也是一种工作内容高原的表现。正如 Bardwick(1986)所指出的结构高原和工作内容高原往往一体两面,结构高原最终会导致工作内容高原的出现。第三类由 Lee(2002,2003)提出的专业高原,是指工作挑战性不高,并缺乏专业知识和技能的学习机会,导致个人专业发展受限、可雇佣能力无法提升、跨组织流动无望的一种职涯状态。尽管从职涯高原词汇本身来看，"Plateau"①明显带有负面、消极的意味。然而，Ference等（1977）却认为职涯高原并不一定是消极的，组织内大部分高原员工都属于高绩效的有效高原员工，无效高原员工仅占很小的一部分。并且Bardwick（1986）也认为组织中大部分晋升停滞的员工都是可靠的、有能力的，即便是工作内容高原本身也并不一定是消极的，只有那些面临高原而不做出改变，其结果才是消极的。

因此本书认为职涯高原是个体职业生涯发展过程中的自然现象，不论是晋升上的停滞，还是个人专业发展与成长过程中的"瓶颈"，是每一位进入职场的个体都将经历的职涯阶段。因循Ference等（1977）的观点，本书认为职涯高原是一个中性词汇，并不表达任何价值上的偏向，其描述的是一种自然的职涯状态和阶段。个体对职涯高原的认知也未必是负面的，正如Bardwick（1986）指出职涯高原并不意味着失败，相反为个体提供了一个挑战自我的机会，从而促使新目标的制定与实现。

（二）积极职涯高原

基于以上论述，职涯高原是对职涯阶段特定现象的指称，其呈现的是一种职涯现象以及个体对这种现象的感知，从词类上来说，职涯高原属于名词，涉及"是什么"的问题（相当于压力源）。而积极职涯高原则涉及个体对职涯高原状态感知后的积极态度和行为，从词类上来说，积极职涯高原属于动词，涉及"如何是"的问题（相当于压力反应）。个体面对职涯高原有可能做出积极的反应，也有可能做出消极、被动的反应。积极和消极是职涯高原反应连续谱系上的两个方向。正如李克特量表（如7点Likert量表），在积极职涯高原连续谱系上，越靠近1的区域越不积极，越靠近7的区域越积极。积极和不积极是态度和行为倾向连续谱系上的两端，因此，本书提出积极职涯高原的命题，同样覆盖了对不积极一面的解释。

积极职涯高原是本书在对国内外职涯高原文献系统综述后提出的研究主题，学界鲜有该主题的研究，因此积极职涯高原概念尚未界定。如图2-3所示，本书认为积极职涯高原是职涯高原刺激与结果过程中的反应"黑箱"，是职涯高原刺激下，个体根据自身特征和组织情境所做出的一系列积极的认知、情绪及行为等。在职涯发展过程中，几乎所有个体都会遇到职涯高原的状况（Ference et al. ,1977；Bardwick,1986），因此打开职涯高原反应的"黑箱"，对于个体职涯高原压力的调适与应对、绩效的改善，以及组织效率与效能的提升都具有十分重要的价值和意义。

---

① "高原"意指一种地势高而平坦的地形，在职业生涯发展中，常被视为发展的"瓶颈"或者"障碍"，因此带有消极的意味。

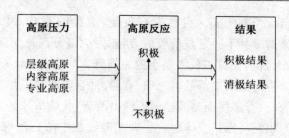

图 2-3　职涯高原刺激—反应—结果

第三节　研究的问题、目的及意义

一、研究问题与目的

(一)研究问题

　　基于前文职涯高原研究现状及问题的反思,以及相关概念的厘清,本书将跳出以往只关注职涯高原负面影响的逻辑与思路,从发掘人性优势和长处的视角出发,探究那些现实中大量存在,且 Ference 等(1977)一再强调的有效高原群体。并结合中国文化背景,研究和探索中国情境下有效高原群体的积极态度、行为特征以及影响因素与结果。

　　李亦园指出人类在享受其所创造文化带来的生活舒适增益的同时,也受到文化对其一言一行的塑造,不同文化背景下同样的问题,行为会有差异[①]。对于管理学领域也一样,任何去情景化的普适性理论只能流于幻觉[②]。因此,有效高原员工在中国文化情境下是如何积极应对的,其态度和行为又表现在哪些方面,具有什么样的特征,受到哪些因素的影响并产生什么样的结果,显然是由情景和文化的特殊性所决定的。

　　由此本书将重点讨论如下问题:

　　第一,积极职涯高原的内涵、结构。利用扎根理论去探析组织中员工积极职涯

---

　　① 李亦园.文化与修养[M].北京:九州出版社,2012:13.

　　② 韩巍,赵向阳."非科学性"让管理研究变得更好:"蔡玉麟质疑"继续中[J].管理学报,2017,14(02):185-195.

高原的内涵是什么？由哪些维度构成？

第二，积极职涯高原的测量。利用探索性和验证性因子分析等方法去开发积极职涯高原量表。

第三，积极职涯高原的影响因素及机制验证。结合所构建的积极职涯高原形成机制模型，利用抽样数据去对已有模型进行检验与验证。

(二)研究目的

本书试图探究积极职涯高原的概念内涵、影响因素及形成机制，具体目的包括以下几个方面：

目的之一是探索积极职涯高原的概念内涵、结构以及形成机制。本书基于本土化情景，利用扎根理论研究方法，结合目的性抽样与理论抽样，选择在企业工作积极、高绩效的职涯高原管理者为研究对象。通过对访谈生成的文字稿进行三级编码，最终确定积极职涯高原概念的维度与结构(积极职涯高原表现在哪些方面)、积极职涯高原的影响及形成机制(哪些因素通过什么路径影响积极职涯高原)。

目的之二是编制与开发积极职涯高原量表。本书基于扎根理论形成的积极职涯高原构念框架，结合相关文献与成熟量表，形成积极职涯高原条目题库。通过对积极职涯高原项目题库的测试，分别使用探索性、验证性因子分析最终确定积极职涯高原的构念结构。

目的之三是对影响积极职涯高原的因素及形成机制进行检验与验证。根据扎根理论形成的积极职涯高原形成机制理论框架，结合相关文献提出积极职涯高原形成机制假设与模型，并对影响积极职涯高原的主管支持、家庭支持等因素进行验证，并对组织自尊的中介作用以及工作任期与职涯高原交互项的调节作用进行检验。

目的之四是结合以上积极职涯高原量表、影响与形成机制的框架与实证结果，为组织中积极职涯高原员工的测量、甄别、培训与开发提供理论依据与现实指导。

二、研究意义

(一)理论意义

积极职涯高原涉及职业生涯管理、积极心理学与组织行为学等领域的相关内容。由于已有研究较多关注职涯高原的负面影响，较少涉及个体对职涯高原的积极应对。因此，本书对于积极职涯高原概念、测量、影响及形成机制等方面的考察，对于职业生涯管理、职涯高原员工激励等方面具有一定的理论启示。

首先,积极职涯高原的理论构建有助于职业生涯管理与职涯高原管理理论的丰富。在当前组织扁平化、专业精细化步伐不断加快的背景下,职涯高原往往过早地出现在个体职业生涯的早期。因此职涯高原问题不容小觑,然而当前关于职涯高原积极应对方面的研究非常匮乏,并且已有研究大多沿袭西方的职业生涯及职涯高原相关理论,缺乏本土化相关研究。因此基于本土情景,构建积极职涯积极理论框架,有助于职业生涯与职涯高原管理理论的进一步深化。

其次,积极职涯高原量表的开发在一定程度上填补了国内积极职涯高原测量的空白。由于当前职涯高原领域研究基本以职涯高原的消极影响及预防为主,缺乏职涯高原的主动应对以及积极职涯高原概念内涵与测量的相关研究。本书开发的积极职涯高原量表为理论界进一步检验与修正积极职涯高原量表提供了研究基础。

接着,主管支持和家庭支持对积极职涯高原关系的检验与验证,在一定程度上丰富了积极职涯高原的前因研究。以往研究基本聚焦于职涯高原的影响效果与影响因素方面,且成果颇丰,但是在积极职涯高原方面的探索很少。根据文献回顾发现尚未有积极职涯高原及其影响因素方面的研究。本书基于扎根理论形成的积极职涯高原理论框架,运用实证研究方法检验与验证了主管支持、家庭支持对积极职涯高原具有显著的促进作用,从而丰富了积极职涯高原的前因研究。

最后,组织自尊在主管支持与积极职涯高原之间中介机制的检验与验证,在一定程度上丰富了积极职涯高原形成机制的研究。本书基于扎根理论形成的积极职涯高原理论框架,结合相关文献提出组织自尊在主管支持、家庭支持与积极职涯高原之间的中介作用的假设,而后通过实证研究证实了主管支持在一定程度上通过组织自尊对积极职涯高原产生正向影响,从而有助于积极职涯高原形成机制研究的进一步丰富。

(二)现实意义

首先,积极职涯高原的研究有助于改变企业对职涯高原员工的传统认识,重视积极职涯高原在组织中的力量和作用。职涯高原的传统认识基本限定在职涯高原的负面效果方面,正如 Ference(1977)指出的,大部分企业将高原员工视为企业的"无效"员工,即低绩效、低满意、低承诺的"枯木型"(Dead Wood)员工。本书扎根于现实,提出积极职涯高原的概念框架,有助于企业重新认识职涯高原现象及高原个体,能够认识到职涯高原仅仅是一个"中性"概念,高原的效果好坏取决于个体的应对方式,企业中存在大量的积极职涯高原员工(Ference et al.,1977)。所以,企业管理者应该重视高原员工的管理,强调积极职涯高原在组织中的积极力量和优势。

其次,积极职涯高原量表的开发对企业识别、甄选积极高原员工具有现实意义。即企业通过积极职涯高原量表,可以识别和甄选职涯高原期在态度和行为上表现积极的员工,为进一步的积极职涯高原员工的奖酬、培训与开发提供了现实的指导。

最后,本书所论证的主管支持、家庭支持对积极职涯高原的积极影响以及组织自尊的中介作用,将对企业如何培养与开发积极职涯高原员工,如何提高高原员工的有效性,从而提升企业的组织效能等具有现实的指导意义。

第四节 研究思路、内容与方法

一、研究思路与内容

(一)研究思路

本书首先利用文献计量学相关方法与工具,在对国内外职涯高原相关文献进行宏、微观分析和述评的基础上,确定本书的主题与具体的研究问题。其次,通过对职业生涯及职涯高原相关理论与研究视角的梳理,奠定了本书的理论背景与思考边界。接着,采用质性研究方法中经典的扎根理论方法,通过理论抽样对企业高原员工进行访谈并转录,经由开放编码、主轴编码和选择性编码,构建积极职涯高原理论模型与框架。而后通过积极职涯高原测题的编制与筛选形成积极职涯高原量表题库,并通过先后几次对积极职涯高原量表的测试,以及项目分析、探索性因子和验证性因子等分析,最终确定并形成积极职涯高原量表。然后结合所构建的积极职涯高原理论模型和相关研究综述,提出积极职涯高原影响因素及形成机制的假设并进行验证。最后,根据已有研究结果就组织实践中如何评价、甄别、培训与开发积极职涯高原员工提供相应的对策与建议。

(二)研究内容

基于以上研究思路,本书将围绕以下研究内容展开:

1.积极职涯高原理论框架的建构

主要探索积极职涯高原的概念内涵与结构,以及积极职涯高原的影响因素与机制理论框架。通过前期文献的梳理提出积极职涯高原的命题,并结合相关研究和专家意见制定积极职涯高原的半结构化访谈提纲。而后,结合目的性与理论性抽样,先后在企业抽取业绩好、工作状态积极的 13 名企业管理者作为访谈对象,并对其进行深度访谈。接着通过开放编码、主轴编码、选择性编码,最后确定积极职涯高原研究的核心范畴为"积极职涯高原及其形成机制",包括 8 个主范畴、26 个副范畴。其中,积极职涯高原概念结构与维度由目标规划、持续学习、推己及人、己立立人和知足惜福等 5 个范畴构成,上级支持、家庭支持范畴构成了积极职涯高原的影响因素,组织自尊范畴则构成了积极职涯高原形成的中介机制。

2.积极职涯高量表的开发

依据扎根理论所形成的积极职涯高原概念内涵与维度以及已有文献中的成熟量表,结合专家咨询,构建积极职涯高原量表条目题库。然后邀请 2 名心理学博士和 1 名管理学教授针对积极职涯高原条目题库进行小组讨论,从而确保积极职涯高原量表具有一定的内容效度。最后通过先后三次的测试以及项目分析、探索性因子分析、验证性因子分析最终确定具有较好信度和效度的积极职涯高原量表,并为下一阶段积极职涯高原形成机制的实证研究打下基础。

3.积极职涯高原形成机制的验证

基于扎根理论形成的积极职涯高原形成机制理论框架,结合相关理论与研究提出积极职涯高原影响因素及机制的假设并建立实证模型。然后通过对随机抽样获得的调研数据进行分析,以对以下三种关系进行检验与验证:一是检验与验证主管支持、家庭支持对积极职涯高原的积极效果;二是检验与验证组织自尊在主管支持、家庭支持与积极职涯高原之间的中介作用;三四检验与验证工作任期与职涯高原交互项在以上关系间的调节作用。

二、研究方法与技术路线

(一)范式的选择

范式是由托马斯·库恩提出,是指科学共同体所共同接受和遵从的科学研究标准与规则,包括定律、理论、应用以及工具等,它们为科学研究提供了公认的模型和模式,成为常规科学实践的指导原则与基本框架(库恩,2012)。

范式同样为社会科学研究提供了标准和指导,社会科学研究的范式主要分为三大类,即实证范式、解释范式(或建构主义范式)以及批判范式(陆益龙,2011)。持不同范式的研究者在本体论、认识论以及方法论三个层面上的认识亦有不同,因而对什么是研究给予的答案也不同(陈向明,2000)。

所谓的本体论回答的是人类生活世界是否存在客观实在或规律？如果存在，那么它的本质是什么？知识论(或认识论)要回答的是作为研究者应该采取什么样的立场和态度，与所要探究的社会现象之间产生互动，从而才能发现、了解现象的真实本质？方法论要回答的是研究者通过什么样的方法和策略，才能发现或验证生活世界中各种现象和行为的本质(范明林,2009)？具体如表2-1所示。

表2-1 社会科学研究范式比较

	实证范式	解释范式	批判范式
本体论	实在论,存在唯一的可捕获、可研究、可理解的现实	相对主义,存在多样的主观事实	批判实在论,不同历史时期有不同的实在
认识论	客观主义,研究者要保持完全的中立,研究不受价值、经验以及所持立场的影响	主观主义,认识的主体和客体是不可分的,研究发现是两者交互作用的结果	主观主义,研究者带有鲜明的立场、经验和价值判断进入研究过程
方法论	实验、演绎和定量方法,揭示变量之间的因果关系以解释和预测	归纳,研究者和被研究者共同参与、建构某一情景和经验下的一般模式和概念	推论与辩证,价值分析

数据来源:参照陆益龙《定性社会研究方法》

定量研究采用实证范式,往往从理论开始,并对社会现象进行量化与测量,强调变量之间因果关系的检验与验证。而质性研究一般采用解释范式或批判等其他范式,解释范式强调社会现实的建构性、研究的情境性、研究者与研究对象之间的互动性以及研究的价值承载性等(诺曼等,2007)。

尽管量化研究和质性研究采用的范式不同,但并不代表两者之间是竞争、对立、不相容的,而是互补性的(弗里克,2011)。研究者可以根据研究问题的特征,有针对性地使用实证范式的量化研究或解释范式的质性研究,也可以采用两者结合的混合性研究。克雷斯威尔(2010)指出混合研究既是一种方法论,也是一种方法,其遵循实用主义哲学立场,研究者同时收集与整合定性与定量数据,结合自上而下的演绎式逻辑即"理论—假设—数据—理论(假设)验证"和自下而上的归纳式逻辑即"数据—概念—主题—理论",量化与质性相结合,以对研究问题有更好的理解。混合研究设计包括三种方式,即聚敛式设计、解释性序列设计以及探索性序列设计(克雷斯威尔,2010)。

本书在积极职涯高原概念建构与实证研究中,从实用主义哲学立场出发,结合实证与解释(建构主义)两种范式,采用质与量相结合的混合方法。由于积极职涯高原概念的内涵和结构尚不清晰,学界鲜有探讨,所以本书需要采用解释范式的质性研究方法对积极职涯高原概念进行初始性的探索。在确定了积极职涯高原的概念内涵、结构与维度后,再将其运用于第二阶段的定量研究。这一方法也符合人类对事物认知的基本逻辑,即人类总是从实际情境中,通过观察周遭事物并进行归纳与抽象,以形成具有推理性的、关于事物的一般性概念或理论,而后通过实验、调查等演绎方式对假说和理论进行验证(邓猛等,2002)。

(二)质性研究与扎根理论

质性研究认为社会历史现象都是特殊情境下生成的特殊现象,所以普遍主义的解释逻辑不适合社会科学。社会科学需要从特定的情境中,去理解社会现象并归纳和概括社会行动的动机、意图及影响,从而来类比、理解、预测其他相似的社会行动和现象(陆益龙,2011)。具体而言,质性研究不使用统计程序或其他量化方法,通过归纳法对诸如访谈、观察、文本、影像、甚至是数字等资料(或数据)进行概念化以缩减资料,依据逐渐浮现的属性,来推演类别,并进行关联等一系列程序与过程,旨在发现概念和关系,并将其组织成一个理论性的解释框架(Strauss Anselm et al.,2004)。

基于以上定性研究的内涵,可以发现定性研究具有以下五个重要特征:①注重研究背景与情景,强调对行为和事件背景的关注;②关注个案,强调个案研究的偏向;③理论基础的重视,强调研究者具有先验的理论知识和基础;④强调过程和结果的关注,注重在研究者与研究对象的互动中去理解行动和现象,注重行动或事件的过程和结果;⑤注重意义诠释,强调从行动和事件中去归纳和诠释其意义并解释社会事实是如何建构的(陆益龙,2011)。

扎根理论作为一种关注微观层面,通过系统经验数据的收集与分析,由下而上逐渐发掘、生成与检验理论,注重个案普遍意义的质性研究方法,是对美国20世纪70年代社会学界一方面大肆鼓吹大样本与统计推断的量化方法,另一方面又"闭门造车"生产巨型理论(Grand Theory)二元对立局面的有力冲击(瞿海源等,2012)。如表2-2所示,由于所持立场不同,扎根理论分为三种流派,即以格拉泽为代表的实证主义扎根理论、以施特劳斯和科宾为代表的实用主义扎根理论以及以卡麦滋为代表的建构主义扎根理论(卡麦兹,2009),三种流派在数据分析、编码过程以及研究者角色等方面存在差异。

表 2-2 扎根理论三种流派比较

	实证主义扎根理论	实用主义扎根理论	建构主义扎根理论
哲学基础	实证主义	实用主义	建构主义
数据分析	强调每一个研究步骤都采用不断比较的方法	在编码过程中,研究者不仅仅采用不断比较,而且要不断提出问题,迫使自己追寻互动的意义	看重研究对象对事实的建构
编码过程	两步:实质编码和理论编码	三步:开放编码、主轴编码、选择编码	三步:初始编码、聚焦编码、理论编码
研究者角色	头脑空空的机器人,随着不停比较的分析方式,类别和属性会自己涌现	编码的每个阶段都强调研究者的参与,强调研究者的理论敏感性	与施特劳斯相似

数据来源:参照学术志刘杨扎根理论方法课程。

扎根理论从建立起就混合了实证论和解释论两种范式(Charmaz,K.,2009),格拉泽偏向实证主义范式,卡麦滋强调建构主义范式,而施特劳斯和科宾的扎根理论倾向于对两种范式的调和。然而,不管基于何种范式、采用哪种流派的方法只要有助于从资料中建构理论即可。正如卡麦滋指出,其实扎根理论方法犹如一个容器,只要在基本准则诸如编码、备忘录撰写、发展理论、理论抽样、理论饱和、持续比较等方面保持中立即可,至于扎根理论方法的过程、路径及操作等方面,研究者可根据自己的方法论及理论立场来决定(卡麦滋,2009)。

本书将采用施特劳斯和科宾的扎根理论方法(一种调和了实证主义与建构主义,基于实用主义范式的扎根理论方法)。该方法认为社会现实及自我都是在互动中建构起来的,通过互动来诠释人们如何处理他们的想法、意象、行动及其意义(科宾,2015)。所以作为研究者需要进入现场去观察、发现,要扮演主动的角色,从复杂、多样的人类行动和现象中收集资料,建构理论从而理解行动及其过程(条件—行动—结果)与意义(Strauss Anselm et al.,2001)。

(三)实证研究逻辑与方法

实证研究基于演绎逻辑,从理论出发,首先,将理论转化为假设,所谓假设是对研究问题的暂时性回答。然后,根据研究假设进行研究设计,其中包括假设中变量的可操作化、样本的来源与数据的收集等,借此将假设转化为观察。接着,对样本参数进行估计将观察转化为实证概括。最后,通过参数的统计检定对假设进行验证从而对理论进行证实、修改或者拒绝(巴比,2009;陈晓萍等,2008)。

本书主要采用的实证研究方法有:首先通过探索性和验证性因子分析编制积极职涯高原量表并对量表的信效度进行检验;其次通过随机抽样调查,收集和获取有关积极职涯高原及影响因素等方面的数据,并对数据进行统计分析,以对变量间关系假设给予检验与验证。

(四)研究的技术路线

基于以上研究思路与方法,本书拟采用的技术路线如图 2-4 所示。

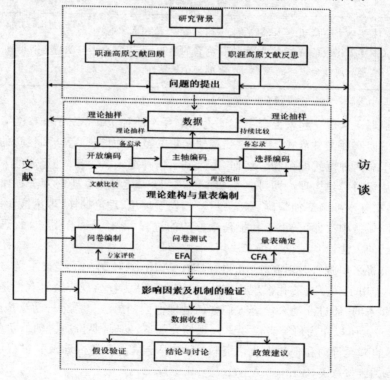

图 2-4　研究技术路线

第三章 积极职涯高原理论视角的
本土化思考

第一节 生涯发展与时位逻辑

一、生涯发展理论

从生命阶段来看,埃里克森将个体生涯发展分为:婴儿期的基本信任对不信任、儿童早期的自主对害羞、儿童期的主动对内疚、学龄期的勤奋对自卑、青春期的自我同一性对角色混乱、青年期的亲密对孤独、中年期的繁衍对停滞以及成熟期的整合对绝望等 8 个阶段,其中最后三个阶段与个人职业有着密切的关系(埃里克森,2017,2000;格林豪斯等,2006)。从生命阶段及成长发展任务来看,Super 和 Hall(1978)将生涯发展分为成长期、探索期、建立期、维持期和衰退期,并指出五个时期的出现顺序并不是固定不变的,比如,探索与规划在职业生涯中期也是至关重要的,甚至在职涯衰退期也会出现,新的职业建立也有可能发生在职涯维持期。因此每一个阶段到下一阶段之间的转换期都包含着新的成长、再探索、再建立的循环过程(Super et al. ,1978;Freeman,1993;Super,1980)。

Super(1980)的生涯发展是个体与社会因素交互影响下的自我概念建构、发展与实践的动态历程,该历程决定了个体在不同生涯阶段所扮演的生涯角色及由此构成的生涯模式(Career Pattern)。该理论假定个体在能力、人格、价值观念、需求和自我概念等方面存在显著差异,因此不同个体适合于从事不同的职业。另外,人的能力、职业偏好、生活和工作情境以及由此而形成的自我概念都是随时间的推移而逐渐改变的,个体能否在不同生涯阶段成功地因应个体、环境需求以及获得工作和生活满意度,一方面取决于个人的生涯成熟度(Career Maturity),另一方面取决于个体自我概念的实践程度（Freeman，1993；吴芝仪，2000；金树人，2007）。

由此可见，国外生涯理论强调的是个体特征、能力与职业之间的匹配与发展，职业发展是个体自我概念建构、发展与实践的过程。反观国内尚未有系统的生涯理论，但不乏生涯相关理念，这些理念糅合了一种权变思想，强调生涯的时间性和空间性[①]，可以用"应时守位""素位而行"的时位逻辑进行解释。

二、时位逻辑观

所谓的"时"有二义，涉及时间的知解，如观天、察时而明时，指的是时机；涉及时间的运用，如与时偕行而不失时，指的是时用，即"动静行藏必须因时而定[②]"。《周易》强调"时"的"变易"和"不易"两种特性，"变易"蕴含着刚健、生生不息、变动不居、不断创新之义，即所谓"生生之谓易[③]"。人，作为天地人三才的中心，当效仿此德[④]，故有《周易》乾卦系辞所言"天行健，君子以自强不息[⑤]"之德行；"不易"蕴含着盈虚消长、循环往复、终则有始、不断发展的时间观，故有 64 卦始于"乾"、"坤"，终于"既济"，后续"未济"（林丽真，1993，2008）。因此"时"强调的是升进不息、更新发展不已、循环往复的状态。正如熊十力所言"进化之中有循环，故万象虽瞬息顿变，而非无常规；循环之中有进化，故万象虽有往复，而仍自不守故常[⑥]"。根据《周易》义理，万事万物都在特定的"时"内发生，并随着时间的变化而变化，万物的产生、创造与发展都遵循一定的时序（唐明邦，1986），即所谓"凡益之道，与时偕行[⑦]"。由此可见，"时"构成万事万物（包括人事万象）产生、发展所依赖的外在条件，也是其所遵循的基本准则和规律，任何现象和行为只有因"时"而行才是得当的。

所谓的"位"与空间相关，指"人之所立"的位置、位阶等（林丽真，1993）。在《周易》中"爻之所处，则谓之位，卦以六爻为成，则不得不谓之六位时成也[⑧]"，显然每一卦都有六爻，即六个位，初、二、三、四、五、上[⑨]。并且"夫位者，列贵贱之地，待

---

① 金树人.生涯咨询与辅导[M].北京:高等教育出版社,2007:4-5.
② 林丽真.王弼(第 2 版)[M].台北:东大图书公司,2008:108.
③ 见《周易·系辞上传第五章》。
④ 朱伯崑.周易通释[M].北京:昆仑出版社,2004:143-144.
⑤ 见《周易·乾卦象传》。
⑥ 熊十力.十力语要[M].上海:上海书店出版,2007:13.
⑦ 见《周易·益卦象传》。
⑧ 王弼等.周易注疏[M].北京:中央编译出版社,2013:439.
⑨ 杜保瑞.话说周易[M].济南:齐鲁书社,2017:38.

才用之宅也①"，也就是说，从初爻到上爻有着尊卑、贵贱、先后始终之意，同时也代表了个体不同的社会位阶和事物发展变化的阶段（杜保瑞，2017）。从六爻所对应的组织结构来看，初、二两爻代表组织的基层，三、四两爻代表组织的中层，五、上两爻代表组织的高层（闵建蜀，2013）。

六爻或六位是呈现一卦时间动态意义的连续单位，是一卦时况在每一阶段或时段的处所或成像，每一个爻都当在该卦的时运中"时止则止，时行则行，动静不失其时②"，即"位"需依"时"而有其成，而"时"又需依"位"而显其义，并且时位逻辑并不是抽象的"时间—空间"思维模式，而是实际的"时机—地位"思路体系，其紧扣人事、包罗万象，任一社会现象都受到该现象在此"时"此"位"中"爻德"的指引（林丽真，1993）。《周易》不离人事，赋予"位"相应的价值判断③，初、三、五爻为阳位，二、四、上爻为阴位，阳爻居阳位、阴爻居阴位则当位或得位，反之则不当位或失位，得位吉，失位凶，二五两爻居中位，得中则吉④。另外，位与位之间又存在着乘承比应的关系。

总的来说，所谓的时位逻辑，"时"代表了一种宏观、抽象的条件或情势，是一种道，是规律和法则，64卦涵盖了64种不同的社会、人事情境（韩德民，2004；郝书翠，2011）。而"位"代表了微观、具体的位置或地位，强调处于当前位置或地位的个体对外在形势、规律和法则的顺应，即应时守位、素位而行。在职业生涯中，时位逻辑的典范是孔子的"吾十有五而志于学，三十而立，四十而不惑，五十而知天命，六十而耳顺，七十而从心所欲，不逾矩⑤"。孔子的职业生涯观强调了在不同职涯时段个体的发展重心，即个体应处的时位。孔子作为"圣之时者⑥"，在生涯发展过程中因应时势，片刻不离中道，即不同时位、不同情境下积极去做该做的事情，笃实贯彻"时中"之道，正所谓"不在其位，不谋其政。君子思不出其位⑦"。

---

①　王弼等.周易注疏[M].北京:中央编译出版社,2013:439.

②　见《周易·艮卦象传》。

③　林丽真.《周易》"时""位"观念的特征及其发展方向[J].周易研究,1993(04):4.

④　朱伯昆.周易通释[M].北京:昆仑出版社,2004:145.

⑤　见《论语·为政第二》。

⑥　见《孟子·万章下》。

⑦　见《论语·宪问》。

第二节　职涯成功与安身立命

一、职涯成功理论

　　人本主义心理学有别于"以动物为本"的行为主义心理学和"以病人为本"的精神分析心理学,主张以心理健康的正常人和精英为本,将人的终极目标和意义归结为人的自我实现(车文博,2010)。人本主义心理学大师马斯洛的需求层次理论对职涯成功有着重要的影响,个体在工作中从外在基本需要到内在自我实现需要的满足,影响着个体对职涯成功的态度。

　　职涯成功是个体职涯发展中自我实现的目标所在,其主要包括客观职涯成功和主观职涯成功(Peluchette,1993),客观职涯成功可以用权力、职位、薪水以及晋升等外在客观标准衡量,如权力的增加,职位的晋升或者薪水的增加等(Gattiker et al.,1986b;Yu,2012);主观职涯成功可以用工作或职业满意度以及职业成就感等内在主观标准来衡量,如工作或职业满意度的增加,职业成就感的提升等(Yu,2012)。

　　以上这种基于个人主义文化土壤的理念与中国集体主义文化背景下的自我实现在本质与内涵方面大相径庭[①]。其根源在于中西方对"自我"概念的认识不同,西方人的"自我"往往是一种个人主义取向的"自我",可以被描述为自我为中心的、自主自立的、分离的、情境独立的"自我",而中国人的"自我"往往是一种集体主义取向的"自我",可以被描述为他人取向的、关系取向的、社会取向的、情境取向的"自我"(杨国枢等,2009)。可见西方的"自我"是强调维护和满足个人欲望和需要的"自我",而中国文化背景下的"自我"则是强调己物双成的"自我"(李淑珍,2013)。正如荣格所言,西方人的"自我"更接近意识层面的"自我"(Ego),是一种人为的结果,是建立在物欲满足基础上的"自我",是物欲积累到一定阶段的一种质的飞跃。并且作为庄子思想的追随者,荣格进一步提出"自性",即内在"自我"(Self)的概念,认为自性更接近"天性",是"天人合一"的超越性境界,意味着个体人格的完善与发展(申荷永,2009)。可是因为物欲所累,西方大部分人无法发现

---

　　① 杨国枢,陆洛.中国人的自我:心理学的分析[M].重庆:重庆大学出版社,2009:206.

这个内在的"自我"。

二、安身立命说

而在中国文化下背景下,中国人更多追寻的是"天性"之"自我"(Self),即《中庸》所言"天命之谓性①"。天赋予个体"仁""义""礼""智"四端②,构成"自我"的本源,而个体需要在"格物、致知、诚意、正心③"后才能显现这种天性之"自我",即不受物欲所累,修己达人之"自我"。所以中国人在职涯成长与发展过程中,自我实现的旨归不是功利主义取向的职涯成功而是实现人生价值的安身立命。

所谓安身,《周易》中讲:"尺蠖之屈,以求信也。龙蛇之蛰,以存身也。精义入神,以致用也。利用安身,以崇德也④",个体懂得了天地万物之理,就是要利用这个知识和智慧来安顿好自身,使人"身有所寄",而安身的目的是为了提高个人的德行。所谓立命,孟子曰:"夭寿不贰,修身以俟之,所以立命也⑤",所立之命乃天命,是个人的道德和精神生命,使人"心有所栖"。由此可见,安身立命包括两部分,一是安身,关涉个体的衣食住行,所安之处便是个体的职业;二是立命,关涉个体的人生意义和价值追求,所安之处便是个体的心灵原乡。安身和立命可谓体用不二,立命为体,安身为用。安身的目的并不是为了满足无止境的物欲,而是为了修养身心,昭显个体本初的仁德,从做事中践行做人之道。即所谓"志于道,据于德,依于仁,游于艺⑥",个体在职业生涯中要有志于事业和人生真理的大道,做人做事必须依据于道德,将道德落实实践。凭借刚健、昭明、生生不息、富有创造性的仁德,将个体的学问、专业、事业、人际交往、个人生活以及与外部环境的关系处理得游刃有余,以达到艺术化的境界,即孔子所谓"从心所欲不逾矩⑦"的境界。

---

① 见《中庸》第一章。
② 见《孟子·公孙丑上》。
③ 见《大学》首章。
④ 见《周易·系辞下》。
⑤ 见《孟子·尽心上》。
⑥ 见《论语·述而第七》。
⑦ 见《论语·为政第二》。

第三节 社会交换与修己安人

一、社会交换理论

社会交换理论是社会学和社会心理学领域一个重要的理论,根据霍曼斯的社会交换理论,社会交往是一种至少发生在两人之间有形或无形,或多,或少回报的交换活动(Blau, 1964)。Blau(1964)进一步指出社会交换在人际交往中时刻存在,且无处不在,甚至在亲密关系中也是如此,而不仅仅存在于市场关系中。所谓社会交换是一种个体之间的自愿行为,这种行为是由他们所期望行为带来的他人回报驱动的。个体为了继续获得所需的服务,必须履行过去接受这种服务后应尽的义务,向对方提供回馈或回报性服务。其中,交换"商品"的意义依赖于交换者之间的人际关系而存在。如果交换双方对获得对方的好处或回报性的服务进行评价,双方都倾向于提供更多的服务以激励对方增加服务的交换,避免彼此欠债而带来的不利[1]。

另外,随着社会交换次数的增加,交换的好处或服务的边际效用递减。例如,当一个新进入职涯领域的员工获得来自上级专业方面的咨询、帮助以及认同后,他会以对上级恭敬作为回报,而上级所获得的来自于下级恭敬的倾听与服从的满足感,又会促进他将有限的时间用于这种关系上。但是假如这种咨询与帮助由每隔几天半小时变为每天几小时,那么上级所获得的满足感将不会相应地增加,因此他会逐渐减少专业咨询和帮助的时间。而下级额外的恭敬也不会进一步换来上级更多的咨询和帮助。此时,下级必须努力提供补充性的回报,如为上级打零工,从而为这种关系投入更多的时间。最终,下级和上级交换的边际收益将等于他们提供更多服务的边际成本,社会交换趋于平衡(Blau, 1964)。

综上所述,根据社会交换理论,一个员工是否愿意继续为同事、上级或组织提供自愿性的帮助或服务,取决于他的同事、上级或组织是否对他的行为给予回报。一旦员工的行为得不到相应的回报,那么他将终止这种行为。所以建立在互惠基础上的员工关系、员工—领导关系以及员工—组织关系,都是付出与回报权衡下的

---

[1] Blau, P. Exchange and Power in Social Life[M]. New York: Routledge, 1964: 92.

产物。例如,职涯高原会造成雇主和员工之间互惠资源的不平衡,使高原员工感受到的组织和上级支持感下降,从而导致高原员工消极的工作结果(Yang et al.,2019)。

二、修己安人思想

中国文化情境下,更多强调"己欲立而立人,己欲达而达人[①]"的修己安人思想。孔子以"仁"为核心的道德理念决定了中国人仁民爱物、成己成人、成己成物的精神和品质。正如中庸所讲"唯天下至诚,为能尽其性;能尽其性,则能尽人之性;能尽人之性,则能尽物之性;能尽物之性,则可以赞天地之化育;可以赞天地之化育,则可以与天地参矣[②]"。个体只要充分发挥天命之性的本能,并将其运用于处理生活和事业上的一切事务,充分发挥自己的潜质和能力,以尽己之性,进而去影响他人,使他人也能发挥其潜质和能力,以尽人之性。同时,还要"知周乎万物而道济天下[③]",掌握事物的规律,要"裁成天地、辅相万物",因应与改造自然,从而做到尽物之性。

由此可见,儒家"修己以安人[④]"的思想是建立在"仁"性假说基础上,以"诚"为先决条件,唯"诚"才能择善固执,才能修齐治平,即大学所谓"意诚而后身修,身修而后家齐,家齐而后国治,国治而后天下平[⑤]"。由此构成中国人"内圣"而"外王"的生命逻辑和性格。这种待人接物的逻辑与西方基于社会交换理论的人际交往理念存在明显的差异。在中国传统文化影响下,职场中的个体更多倾向于自觉的"修己以敬[⑥]",通过修养自己、修己以待时,谨慎地面对不同职涯情境下的工作事务,严格按照组织制度要求规范自己的言行举止,以做到"君子敬以直内,义以方外,敬义立而德不孤[⑦]"。而后安人,即呈现出一种利他行为,去帮助他人实现和达成个人目标和梦想。

---

① 见《论语·雍也第六》。
② 见《中庸·第二十二章》。
③ 见《周易·系辞上》。
④ 见《论语·宪问第十四》。
⑤ 见《大学·经一章》。
⑥ 见《论语·宪问第十四》。
⑦ 见《易经·坤卦·文言传》。

第四节　中国人生涯行为逻辑

综上,通过中西生涯发展理论与思想的对比,本书认为中国文化是由儒家思想所浸润的一套博大、包容、积极的文化体系,中国文化影响下的生涯发展观在生涯过程、生涯目的与手段上并不排斥西方的生涯发展阶段论,生涯成功观以及社会交换的生涯发展手段与方式。但是中国文化影响的生涯发展观更加强调因应时势的时位观,以修己达人为手段寻求个体安身立命的生涯旨归。

作为中国文化的主流,儒家思想根源于易经,孔子晚年好易并称"加我数年,五十以学易,可以无大过矣①",以至于"韦编三绝"。在此基础上,孔子与弟子作十翼,对易经进行诠释,从而将易经的思想注入儒家思想体系。儒家"修齐治平"思想大到治国、小到修身,告诫君子只有审时度势、因应时势、素位而行,才能"无入而不自得②"。

儒家思想所强调的积极入世态度源自于《易经》的《乾卦》思想。乾卦卦辞"乾:元亨,利贞③",所谓的"元"乃本源(爱新觉罗・毓鋆,2018),是人的本源之善,即"天命之性④";是一种生生不息,不断创造的昭明之性(熊十力,2008)。易经的思想并不是脱离实际、空泛的思辨或理论,而是致力于"崇德""致用""广业"的智慧。即修身养性,而能尽己之性,后尽人之性和尽物之性。这也是儒家修身功课的基本次第(格物、致知、诚意、正心、修身、齐家、治国、平天下)。修养德行即"明明德⑤",才能学以致用,才能真正做到"广业"。儒家思想的一贯之道,概而言之"夫子之道,忠恕而已⑥"。所谓"忠恕"实质上是实现孔子"仁"⑦思想的基本路径或方式。"夫

---

① 见《论语》述而篇。
② 见《中庸》素位章。
③ 见《易经》乾卦。
④ 见《中庸》首章。
⑤ 见《大学》首章。
⑥ 见《论语》里仁篇。
⑦ 孔子"仁"的思想根植于易经的乾元,乾元主创生、创造、生生不息。元生万物,民胞物与。(参见爱新觉罗・毓鋆.毓老师说《易经》[M].天地出版社,2018.)

仁者,己欲立而立人,己欲达而达人。能近取譬,可谓仁之方也已[①]"。由此可见,
"仁"的表现是"己欲立而立人,己欲达而达人",实现路径则是忠恕之道,即"其恕
乎! 己所不欲,勿施于人[②]"。

　　由此,在儒家思想影响下,中国人在处理人与事,及其背后人与人的关系上(杨
国荣,2019b),其行为逻辑是"推己"和"尽己"的"忠恕"之道。如图 3-1 所示,"推
己"是"恕",由"己"向外推,"己所不欲而勿施于人,己所欲而施之于人","推己"所
以能"己欲立而立人,己欲达而达人",以践行"仁"的思想。"尽己"是忠,是"诚者,
天之道也,诚之者,人之道也……诚者非自成己而已也,所以成物也……[③]",
是"尽性之理"。"尽己"所以能够尽己之性达成"成己"的目标,"推己"而能尽人之
性、尽物之性,达成"成物"的目标。而唯有成己成物才是"率性之道[④]"。

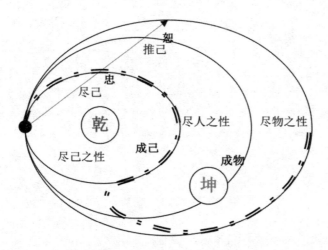

图 3-1　推己与尽己关系

　　中国文化影响下的职业生涯观,实则也是一套忠恕逻辑的生涯观。不同生涯
时位的个体,在成己与成物中不断认识世界和改造世界,践行个人的生涯目标和职
业理想。在生涯发展过程中,无论哪一阶段或时位,都要素位而行,成己、成物。成
己和成物是不可分割的,生涯发展中的个体因为"能其事"(成物)而"成其德"(成
己)。如同乾、坤同归于"乾元",是一体两面,个体在成物中成己,在成己中成物,

――――――――――――

　①　见《论语》雍也篇。

　②　见《论语》卫灵公篇。

　③　见《中庸》第二十五章。

　④　见《中庸》首章。

即通过生涯过程中人我关系和人事关系的展开,建构个体存在的意义和价值。基于此范式,本书展开对积极职涯高原的思考。职涯高原是个体职业生涯发展过程中的特定时位,因循成己、成物的行为逻辑,个体在修己安人中,求得安身立命之所。

第四章 积极职涯高原及形成机制的理论探索

如前文所述,西方学者已指出组织中存在大量的"可靠公民"(Solid Citizen)型高原员工,依然保持着高的绩效水平(Ference et al.,1977)。在中国本土情境下,具有积极特征的高原员工也并不鲜见。然而,从已有研究来看,学界显然对"可靠公民"型高原员工或积极高原员工关注不够,仅有少数研究探讨了高原员工的积极应对行为(Rotondo,1996;Ettington,1992;Ettington,1993;Ettington,1998),但缺乏从理论层面探索和界定积极高原的内涵与特征,缺少对积极高原原因及机理的探讨。

本研究将运用扎根理论,对积极高原员工访谈数据进行三级编码,旨在构建积极高原理论框架。主要回答以下问题:一是积极职涯高原的概念内涵与维度是什么? 二是积极职涯高原的影响因素与形成机制是什么?

第一节 研究设计

一、扎根理论方法与流程

积极职涯高原是组织真实情景中存在的现象,是参与其中的行动者对职涯高原状态的意义建构与诠释。然而,目前学界缺少积极职涯高原相关理论的研究,对积极职涯高原的内涵、维度以及形成原因与机理尚未探讨。扎根理论方法目的是构建理论,而非仅仅探讨概念的构成(Cho et al.,2014),本研究旨在构建实质理论,揭示积极职涯高原的内涵,以及高原期员工为何会呈现出积极高原的状态,所以使用扎根理论方法对其进行理论探索。

扎根理论是经由归纳逻辑,对系统化收集的资料进行编码与分析,以发现、发展和建构暂时经过验证的理论(Strauss Anselm 等，2004)。扎根理论方法主要强调以下几点：第一，从资料中产生理论。扎根理论强调从实践中发现问题，寻找案例并收集资料，在此基础上形成理论(贾旭东等，2016)。从资料到理论是一个归纳的过程，由下而上对资料进行不断地浓缩，从而上升、抽象为理论(陈向明，1999a)。正如贾旭东等学者提出扎根理论要具备"扎根精神"，要"知行合一"一样，只有扎根于生活实践，才能建构出符合情景的理论(贾旭东等，2010)。第二，理论抽样。根据类属及属性的饱和程度，抽取与其相关的事件或故事，以进一步发展概念，直到概念饱和。指导理论抽样的是在资料与资料、资料与概念、概念与概念间的不断比较中所萌发的问题，这些比较与问题可以帮助研究者不断发现和链接相关的类属、属性及维度(Strauss Anselm 等，2004)。第三，理论敏感性。每个研究者必然带着一定的知识、经验背景，去洞察、领悟资料中所发生的事件，并赋予其意义(Strauss Anselm 等，2001)。在研究过程中研究者要保持高度的理论敏感性(陈向明，1999a)，要带着敞开的心灵而非空洞的脑袋，恰当地运用已有知识和经验，去分析现有资料并与现有资料所抽绎出的理论进行对话。善于对资料进行比较、提问，从而不断向外拓展并搜集更多的资料，以捕捉新的理论线索(Strauss Anselm 等，2001；陈向明，1999a)。理论敏感性有助于研究者确定资料搜集方向，聚焦能表达资料内涵的关键性概念。第四，不断询问与比较。对资料不断提问旨在刺激研究者寻找资料中可能的类属、属性和维度。这些问题包括觉识性问题、理论性问题、结构性问题以及指引性问题，诸如：是谁？ 在何时何地？ 发生了什么？程度如何？ 怎样发生以及为何发生等(Strauss Anselm 等，2004)。不断询问会增加研究者对资料的理论敏感性，为理论抽样提供指导。反复比较是扎根理论的主要分析思路，通过在资料与资料、资料与概念、概念与概念之间的比较，来刺激研究者对属性和维度的思考(陈向明，1999a)。在概念属性和维度上，进行事件之间的比较，发现事件之间的相似性和差异性，从而加以群聚或归类。当研究者对资料所呈现的属性不明确时，也可以借助理论性比较，使用已有的理论和经验，即借助已知的属性来与资料进行比较，从而帮助研究者对资料所呈现的属性和维度进行命名和分类(Strauss Anselm 等，2004)。

本研究采用学界常用的程序化扎根理论研究程序，其基本过程如图 4-1 所示，程序化扎根理论是一个从对数据依次进行概念化、范畴化，建立主副范畴之间关系，再到选择核心范畴，从而构建理论的过程。这一过程因循描述—概念—理论流向的归纳逻辑，对扎根于现实经验的数据逐步抽象化、形式化，并最终形成理论。其中的关键环节包括以下几个方面：理论抽样和持续比较是推动数据概念化并逐步形成理论的关键环节;备忘录撰写是研究者理论化过程中完善类属间关系,形成假设与理论整合的思考轨迹;理论性饱和是类属、属性完整,理论抽样结束的基本标准。

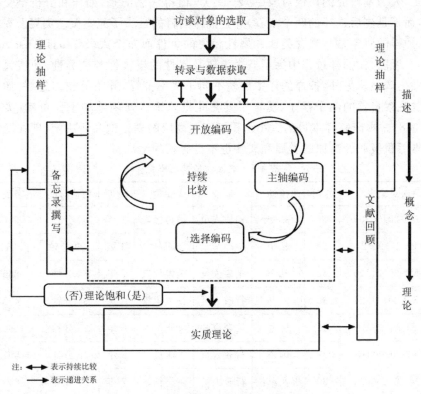

图 4-1　程序化扎根理论流程

资料来源:本文绘制

二、研究样本与数据来源

为了样本能够真实、全面地反映积极职涯高原的本质,本研究首先借鉴Tremblay(1995)和Chao(1990)的观点,将在本岗位连续工作 5 年及以上,并且个人感知晋升可能小的个体认定为职涯高原员工。在此基础上,根据 Ference(1977)对"可靠公民"型高原员工的定义,将高绩效作为积极职涯高原访谈对象选择的考虑标准。

依据以上标准,本研究首先使用立意抽样[①](Purposive Sampling),选取业绩状态良好、在中层管理岗位工作 5 年的企业员工 1 名,按照事先设计的访谈大纲对其进行访谈。其次,根据编码后浮现的类属、属性的饱和程度,进行理论抽样,又共抽取 12 人为本研究的访谈对象(见表 4-1)。值得注意的是,抽样和分析是交错发生的,而不是先后进行的两个步骤,并且抽样的目的是为了充实概念类属及属性的密度,抽样的对象是与概念类属和属性相关的事件而非个人(Strauss Anselm 等,2001)。所以,在抽样过程中为了概念类属及属性的丰富性与变异性,访谈大纲也适时做出调整。另外,抽样的样本规模不同于概率抽样,并不是越多越好,如皮亚杰通过观察自己的两个孩子,奠定了其在儿童思维认知领域的重大贡献(吴芝仪等,2008)。本研究样本量的大小由积极职涯高原的理论饱和所决定,即在增加新的样本后积极职涯高原的类属和属性也不会有新的增加。

表 4-1　访谈对象情况概览

访谈对象[②]	年龄	单位性质	职业	职位	任期	访谈时间	逐字稿字数
N1-M1-20190809	36	私企	销售人员	销售经理	7 年	60 分钟	9800
N2-F3-20190920	48	私企	律师	职员	9 年	120 分钟	20115
N3-M1-20191120	42	私企	销售人员	销售代表	7 年	50 分钟	8651
N4-M3-20191224	38	民办	行政人员	行政主管	10 年	34 分钟	4982
N5-F4-20200210	40	民办	培训讲师	职员	6 年	36 分钟	4902
N6-F3-20200310	32	国企	行政人员	职员	5 年	46 分钟	5012
N7-M3-20200420	36	事业单位	行政人员	科长	7 年	52 分钟	6432
N8-F2-20200510	38	事业单位	会计	财务科长	9 年	119 分钟	18978
N9-M3-20200610	47	私企	工程设计	主任	7 年	63 分钟	11298
N10-M2-20200620	42	政府	行政人员	副处长	6 年	56 分钟	10567
N11-F3-20200710	43	事业单位	科研人员	主任	5 年	101 分钟	12876

---

① 或称目的性抽样,主要选择信息丰富的个体做深度研究,以最大限度说明研究问题(吴芝仪等,2008)。

② 访谈对象分别用序号＋(性别、学历)＋访谈日期来表示,其中:N(1-13)代表序号,M 代表男性,F 代表女性,M 和 F 后的数字,1 代表大专以下,2 代表大专,3 代表本科,4 代表研究生及以上。

续表

访谈对象	年龄	单位性质	职业	职位	任期	访谈时间	逐字稿字数
N12-F3-20200810	40	国企	行政人员	经理	10年	32分钟	4368
N13-M2-20200920	38	国企	技术人员	科长	12年	40分钟	5432

注:遵守保密约定隐去被访者姓名、单位等信息。

本研究数据收集主要采用半结构深度访谈法,访谈的目的不是简单地验证假说或寻找答案,而是一个通过被访者说故事,使访谈者了解被访者的认知、经验,共同进行意义建构的过程(杨长苓,2000)。本研究在访谈之前先设计访谈大纲(见表4-2),访谈大纲并不是一成不变的,要根据访谈情景和编码中浮现的类属与属性饱和情况,进行及时的调整与修改。

表 4-2 积极职涯高原访谈提纲

序号	提问内容
1	您觉得工作中哪些方面的事情比较重要?为什么?
2	您觉得做好当前工作需要具备哪些能力,请结合具体事例谈谈。
3	与他人相比,您觉得自己的工作能力怎样,请结合具体事例谈谈。
4	您工作中有没有不愉快的事情,您当时感觉怎样,您是如何做的,请结合具体事例谈谈。
5	您对未来工作有何规划,您是如何做的,请具体谈谈。
6	您是如何处理与同事间的关系的,请结合具体事例谈谈。
7	您的工作会不会受到单位和家庭的影响,结合具体事例谈谈。
8	您对目前的工作、生活状态满意吗?为什么?

备注:以上问题仅仅是为了引导被访高原员工就个人工作生活方面的态度、行为倾向等故事及细节进行诉说,所以问题尽可能开放化,并且在访谈中根据访问者与被访之间的互动情景,可以适时对问题进行相应的调整。

依据访谈大纲,在征得被访者同意的情况下,采用录音笔对访谈进行全程录音。本研究先后从2019年8月至2020年9月在青岛、武汉、深圳、贵阳、兰州、银川等地选择4家私企,3家国企,3家事业单位,2家民办教育培训机构及1家政府单位的13名管理人员及员工进行访谈。使用讯飞听见V1.5将访谈录音转为逐字稿,并对文字稿进行矫正和整理,共得到约12万字的访谈资料。

三、本研究的品质保障

与量化研究不同,质性研究往往试图研究或捕捉被访者所传达的语言含义以及其对社会事件的描述与界定,从而来诠释被访者内心体验、态度与想法,因此不能用量化研究那种事先准备的固定程序式的研究思路来衡量。质性研究认为社会是不断变化的,不存在绝对的、常态性的永久式真理,所以质性研究主张使用"可信度"来作为研究品质的评判标准[①]。

本研究依据 Patton[②](2008)提出的质性研究品质的评价标准,即方法上的严谨性、研究者的信誉保障,以及邓津等[③](2007)提出的三角验证从以下几个方面来保证研究的可信性:

(一)方法上的严谨性

本研究通过科学严谨的访谈、理论抽样以及系统化的编码技术来确保资料收集和分析的品质。首先,在访谈提纲的设计上,本研究根据研究主题邀请本领域相关专家(博士生导师 1 位)和本专业博士生(2 位)采取头脑风暴法,针对积极职涯高原相关问题进行讨论,并最终形成本研究的访谈提纲。其次,在研究对象的选择上,本研究综合运用目的性抽样和理论性抽样。具体来讲是在研究初期采取目的性抽样,选择具有积极职涯高原典型性特征的企业管理者 N1,作为本研究的访谈对象,并对访谈录音进行转录、誊写、编码,然后根据编码中逐渐浮现的范畴及其属性的饱和情况,再进行理论抽样。接着,在访谈对象数量的把控上,本研究依据扎根理论的基本原则,根据理论饱和情况来决定访谈样本数量的多少,围绕主题截止理论饱和共抽取访谈样本 13 人。最后在数据的整理与分析上,本研究采用 NVivo11(Plus)版本进行访谈资料文本的三级编码,从而保证数据分析与编码过程的科学性与严谨性。

---

① 阮曾媛琪.中国就业妇女社会支持网络研究:"扎根理论"研究方法的应用[M].熊跃根译.北京:北京大学出版社,2002:37-40.

② Patton, M. Q. 质性研究与评鉴[M]. 吴芝仪,李奉儒译. 嘉义:涛石文华事业有限公司,2008:607-621.

③ 邓津,林肯.定性研究:策略与艺术[M].风笑天等译.重庆:重庆大学出版社,2007:420.

（二）资料及分析上的三角测量

为了对研究问题有更深入的了解，邓津和林肯提出三角验测量，主要包括资料、调查者、理论以及方法上的三角测量。即通过多元化的资料来源、方法以及分析者和理论视角来确保研究的可信性（Patton，2008）。本研究主要采用数据来源和数据分析上的多元组合来进行三角测量以确保研究的信度，具体包括：

一是资料来源上的多元结合。本研究采用访谈对象的多元化收集策略，即在地域上分别包括国内一线、二线、三线城市，在组织性质上除企业（私企、国企）外，还选取政府、事业单位员工作为访谈对象的差异化来源，在职位层级上包括基层员工、中高层管理者等，通过以上来自不同区域、不同性质单位、不同职级的被访者在积极职涯高原现象上的认识与描述来确保研究资料的可信性。

二资料分析上的多元组合。本研究通过邀请另一名本专业领域博士对描述同一现象的转录文本进行编码，通过两组编码浮现出的概念及范畴的相似度来确定研究的信度，从而避免了个人单方面编码的主观性误差。然而，邓津和林肯（2007）同样指出在质性研究中不存在完全重复的观察和解释，因此本研究对于对比分析结果仅做参考。

（三）研究者的信誉

Patton（2008）指出研究者作为质性研究的基本工具，研究者自身的经验、知识积累、理论视角都会影响研究的品质。本研究作者在方法论和方法学习上，大量阅读中外经典教材和文献，对质性研究中的访谈、扎根理论以及 NVivo 软件的操作与使用等有着较为扎实的掌握。并且在编码过程中坚持撰写备忘录，不断反思概念之间的关系，反复比较概念与概念，概念与资料之间的差异性，力求做到智识上的严谨。

四、采用的研究工具

如上所述，本研究在数据收集的过程中，征求访谈者的同意，使用录音笔对访谈进行录音，并利用讯飞 V1.5 进行文字稿的转录。在资料编码过程中使用 NVivo11（Plus）对访谈文字稿进行三级编码、备忘录撰写以及概念模型呈现等。

第二节　编码过程与结果

一、开放式编码过程及分析

开放式编码是一个对现象命名并分类的过程(Strauss Anselm 等，2004)，在此过程中研究者将资料拆散，细化为一个个单位，然后不断对资料进行询问并概念化[1]，再通过概念间的不断比较，将属性上相似或指涉同一现象的概念或类别重新聚拢，用类别(范畴)这样一个层次更高、更为抽象的概念来进行统摄，并通过理论抽样使得属性和维度逐渐完善，从而使类别得到进一步的发展(陈向明，2000；Strauss Anselm 等，2001；Strauss Anselm 等，2004；Hung 洪志成 Chih-Cheng 等，2013)。

Strauss 和 Corbin(2004)指出在开放编码中，研究者对资料分解后的单个事件、想法、行动进行命名，并把属于同一现象的资料纳入同一名称下，否则命名太多，会使分析工作更为庞杂。命名可以选择受访者所使用的词语，即所谓实境代码("in vivo"codes)。也可以由资料本身所蕴含的意象或意义自创涵涉、抽象程度更高的命名。还可以使用已有文献中的专业词汇，但是 Strauss 等也指出要审慎选择学科或专业领域的既有概念来命名[2]。

本研究根据开放编码的基本规则，尽可能悬置个人的理论定见与偏见，秉承开放的态度(陈向明，1999b)，依据理论抽样原则，借助 NVivo11(Plus)质性分析工具，对所收集的资料进行逐句、逐行编码。在编码过程中，本研究尽可能采用实境代码，保留原始资料中的关键词，初步产生 266 个代码，84 个概念，根据属性相似描述同一现象等原则，对初始代码进行缩减，共获得 26 个范畴(见表 4-3)。

---

[1] Komives，S. R.，Owen，J. E.，Longerbeam，S. D.，et al. Developing a Leadership Identity：A Grounded Theory[J]. Journal of College Student Development，2005，46(6)：593-611.

[2] 之所以要审慎选择，是因为 Strauss 和 Corbin(2004)指出，文献中的已有概念往往约定俗成，会使读者理所当然地以约定俗成的含义去理解扎根理论中的概念。另外，约定俗成的概念也容易对扎根研究者的研究进路产生影响和阻碍，无法发展出更为丰富的概念意涵。(参见 Strauss Anselm，Corbin Juliet. 质性研究概论[M].巨流图书有限公司，2004.)

表 4-3　开放编码节选

访谈文本	贴标签	概念化	范畴化
……其实我的职业目标并不想自己将来成为一个简单的没有思想的会计记账工具…… ……一开始的时候目标就是完成部门的任务，但是随着业务慢慢熟练了后，了解到了企业内部晋升的各种渠道，就开始想着不只是卖车，不可能卖一辈子的车吧。就会想着走内训师或者市场推广这块。内训师就需要自己对新出的车型有深层次的了解，然后通过一定的培训，推广到各个经销商的销售人员。同时，我也会参与销售，毕竟这是提升能力的基本途径，也是我积累案例的方式…… ……我了解过当前自己的职业前景和未来职业发展，同时也知道自身的优势和特长，所以对于这份工作我也有自己的计划和短期目标…… ……首先随着经济的不断发展，财务工作在未来将从以前的核算型的财务转化为管理型的财务，财务工作不仅仅是…… ……对于完成未来的目标规划我分析了自身的优劣势，优势是我接受过系统的专业知识学习，具备良好的职业素养和职业道德，本人也有责任心…… ……未来的财务会计人员，不仅要熟悉掌握国家出台的财经和税务等各项法律法规，按照法规落实执行各项管理制度，熟练掌握进行单位各项收支财务会计核算工作，还要掌握信息化技术，进行财务基础数据的预测、分析和决策工作，拥有较强的逻辑思维能力，除了胜任财务基本工作以外还将拥有多项技能，水平要呈多元化发展才行…… ……近阶段，我想通过自己的努力进入到上级单位的财务部门成为财务主管还有就是未来争取入选省级会计类领军人才……	a1 不想成为没有思想的记账工具 a2 不可能卖一辈子车 a3 想做内训师或市场推广 a4 内训师需要对新车型有深层次了解 a5 内训师需要培训和推广技能 a6 会继续参与销售 a7 了解职业前景和发展趋势 a8 清楚自己的优势和特长 a9 我有计划和短期目标 a10 财务工作未来转变 a11 发展形势 a12 不断调整自己定位 a13 目标规划 a14 我接受过系统专业训练和良好的职业道德 a15 法律法规和信息化技术能力 a16 未来多元化技能发展的需要 a17 近阶段想进入上级单位财务部门成为财务主管 a18 未来争取入选省级会计领军人才	aa1 目标偏好 aa2 目标靶向 aa3 技能缺口 aa4 职业前景 aa5 能力认知 aa6 短期目标 aa7 计划制定 aa8 职业预测 aa9 职业趋势 aa10 适时定位 aa11 目标规划 aa12 优势能力 aa13 能力需要 aa14 近期目标 aa15 未来目标	A1 目标定位 A2 职业分析 A3 能力分析 A4 目标规划 A5 目标设定

访谈文本	贴标签	概念化	范畴化
……为啥想去上级主管部门呢,因为我想去更大一点的平台去学习,这样可以锻炼和提升自己…… ……要想能有所提升,还有一个途径就是学习,不仅仅是学习专业领域的知识…… ……还要紧跟着现在时代的脚步…… ……现在发展多么快,以前的销售活动记录都是纸质版的,或者是电子的,但是网络方面并不是像现在这么便利,况且还有很多我不懂的网上新资源…… ……学习沟通的技巧等等…… ……要想在这个行业干下去,就必须有所深造…… ……可能现在效果不是很明显,但是在以后的某个时候,你就能拿得出手。当然这不仅仅是提升自己,更多的帮助自己,满足客户的诸多需求,给自己赚钱罢了…… ……财务这个职业的知识更新速度也变得特别的快,所以干财务的人平时就要不断地学习和不断地扩充更新自己的知识…… ……除了上班时间事无巨细的干工作,下班了还得在家埋头苦学知识,害怕跟不上节奏被淘汰掉…… ……这些年我通过业余时间不断地给自己充电学习考取了助理会计师、会计师、高级会计师专业技术资格证书…… ……未来几年打算再报考注册会计师吧,主要是想通过专业职称考试不断更新自己的专业知识提升自己的专业技能……	a19 想去更大的平台学习,以锻炼和提升自己 a20 想提升,学习是一个途径 a21 专业知识的学习 a22 要紧跟时代脚步 a23 新知识的学习 a24 学习沟通技巧 a25 要想继续干下去就必须深造 a26 不仅仅提升自己,还有助于满足客户,给自己赚钱 a27 职业知识更新速度快,要不断学习、更新 a28 下班还得埋头苦学,害怕被淘汰 a29 通过考取各种证件和资格学习 a30 未来打算通过CPA 更新专业知识	aa16 锻炼和提升 aa17 学习是提升的途径 aa18 前沿学习 aa19 新知识学习 aa20 沟通技巧学习 aa21 深造 aa22 价值实现 aa23 不断更新 aa24 学习频次 aa25 学习强度 aa26 学习机会利用	A6 学习动机 A7 学习投入

访谈文本	贴标签	概念化	范畴化
……十几万的东西,不能坑人家呀,对吧?将心比心,谁挣钱容易呀,买车不就是图了个方便…… ……有时候也会被顾客误解,无缘无故受到一顿批,说心里话,自己也很憋屈,很委屈,但是也不能冲顾客发火。该忍还是要忍,想想毕竟人家花钱了,产品质量出现了问题,着急上火也是理所当然的。我们做销售的,也能理解…… ……我和同事之间肯定有不愉快的事情,但是也不算多吧,因为我一向比较随和。即便发生冲突,我也很少真的动怒,有时还担心把别人给气坏了(哈哈哈哈),其实没必要大动肝火,同事之间没必要搞得太僵。能容忍对方,尽可能去容忍…… ……有时候想想,或许他心里也不好受,遇到不好的事情,别总想着自己受伤,或许他比你受到的伤害更大呢?你哪怕稍微体谅一下他,他可能都会为此感激你,而不是一直去把这个不好的事情放在心上,你说对吧…… ……我们财务工作说白了,还真不好做,全公司的饭碗都在这,你想想,所以真的如履薄冰,挨批受训太家常了吧。但是即便在领导那受了气,也不能带进工作,你不至于被领导批了,就冲前后左右摆张黑脸吧…… ……我就是觉得自己做不到,就不要过分要求别人。但是工作中往往也会有这样的人,"挑肥拣瘦",自己不愿意做的,总是想甩给别人,专挑自己喜欢的事情。你想想谁还不爱干些轻快的、有趣的事……	a31 不能坑人家呀,谁挣钱容易呀 a32 将心比心 a33 被误解心里憋屈,但是该忍还得忍 a34 人家花钱了,着急上火理所当然 a35 我们做销售的也能理解 a36 发生冲突我很少动怒 a37 尽可能容忍 a38 大家都不容易 a39 或许对方心里也不好受 a40 别总想着自己受伤 a41 或许他比你受到的伤害更大 a42 稍微体谅一下他 a43 受了领导的气,不至于前后左右摆张黑脸 a44 自己做不到就不要要求别人 a45 自己不愿意做的,别总甩给别人去做 a46 谁不爱干些轻快、有趣的事	aa27 别人赚钱不容易 aa28 将心比心 aa29 情绪隐忍 aa30 理解他人情绪 aa31 情绪克制 aa32 站在对方角度考虑 aa33 情绪不影响他人 aa34 不要强求他人做你不爱做的事	A8 将心比心 A9 不迁怒

续表

访谈文本	贴标签	概念化	范畴化
……给客户实打实的讲，能给客户争取利益的时候，我也会去申请，尽量去争取…… ……对于同事，我也是这样，我不抢，要是撞单了，我也就给人家，吵架的功夫，说不定联系上一个客户了，没必要，抬头不见低头见的。况且以后谁求谁还不一定呢，没必要做那么绝。有时候赶上一个月自己确实没怎么开张，有同事就差一个了…… ……有时候同事休假，他的客户来了，我也会给介绍，试乘试驾啥的，帮忙交车…… ……一个中年女同事，以前她干的是别的方面的工作，因为家庭原因调配到我们部门搞科研服务工作，由于没有接触过财务工作也没有这方面的专业背景，一下子对这份新工作有点无所适从，刚开始的那段时间她很焦虑迷茫。一个个会计科目、一张张会计报表分别核算和归集的是哪些费用，代表着啥，这些普通数字的背后又隐含着什么，对于她来说很难以理解，甚至觉得都有点莫名其妙。有一天下班后我见她还在办公室里，就问她怎么还不回家？她跟我说财务工作太难了，她有点无从下手的感觉…… ……听完她的诉说，感觉到了她的不容易和无奈，我很理解她的处境劝她不要轻易放弃，并决定帮助她…… ……我先把我们单位财务部门干的工作范围和每项业务流程跟她做了简单的介绍…… ……然后再针对她具体负责的工作跟她讲具体每项业务应该如何干…… ……干的时候要注意哪些方面重点把控哪些环节…… ……然后建议熟悉了解哪些方面的法律法规…… ……后期我也会教她如何理解那些专业名称以及看一些简单的报表……	a47 能给客户争取的利益尽量去争取 a48 不和同事抢单，撞单了我就给人家 a49 同事绩效差一个，我就直接把客户让给同事 a50 同事休假，我会帮他给他的客户介绍、试乘试驾 a51 我知道她对专业陌生，问她怎么还不回家 a52 她对我说财务太难，无从下手 a53 听完她的诉说 a54 我能感觉到她的无奈和不容易，理解她的处境 a55 我劝她不要轻易放弃 a56 给她介绍业务流程 a57 给她讲具体每项业务应该如何干 a58 告诉她干的时候注意的重点环节 a59 建议她要熟悉法律法规 a60 后期教她理解以及看报表	aa35 为他人争取利益 aa36 不抢单 aa37 让单 aa38 帮助同事达成绩效 aa39 分担同事工作 aa40 主动交流业务难处 aa41 倾听同事难处 aa42 理解同事困难 aa43 业务流程指导 aa44 具体业务指导 aa45 业务重点指导 aa46 业务建议 aa47 后期指导	A10 成全他人 A11 替人分忧 A12 指导他人

续表

访谈文本	贴标签	概念化	范畴化
……我们平时生活中很大一部分的时间都是在单位中度过的,我们这种单位的人员平时流动性并不太强,大家走到一起工作也是一种缘分吧…… ……我个人比较珍惜缘分…… ……时间长了同事们更多的时候像自己的朋友亲人一样,大家也比较珍惜在一起的时光,工作时大家伙都客客气气的,也基本上能做到相互配合,有困难时也基本上商量着来。总体工作氛围基本上算是融洽的…… ……目前我对于我的工作,非常满意和知足…… ……无论从单位内部工作环境还是外界环境来说,我现在做的是自己喜欢和擅长的事情…… ……所以,我很感激我现在所拥有的这一切…… ……说心里话,我是个知足常乐的人,不能说是迷信哈,人真的要知足,老天爷不会对你太薄的…… ……争来争去,其实到最后还是那么些东西,何必要庸人自扰呢,顺其自然就行了…… ……在现在的小朋友面前能帮助就帮助,曾经自己也是被以前的老同事和经理帮助过的,所以这一点我比较坦然,我也很感恩……	a61 大家在一起也是一种缘分 a62 时间长了同事们就像亲朋好友一样 a63 大家珍惜在一起的时光 a64 工作时大家客客气气的 a65 彼此互相配合 a66 目前对工作很满意 a67 目前我对我的工作很知足 a68 我所做的是我喜欢且擅长的事情 a69 感激自己拥有的一切 a70 我是个知足常乐的人 a71 人要懂得知足 a72 老天爷不会对你太薄 a73 争来争去到最后还是那么些东西,顺其自然就好 a74 能帮就帮别人,自己也是被帮助过的,要懂得感恩	aa48 相聚是缘 aa49 彼此珍重 aa50 工作满意、知足 aa51 感激拥有 aa52 知足常乐 aa53 懂得知足 aa54 顺其自然 aa55 懂得感恩	A13 珍惜福缘 A14 知足随缘

续表

访谈文本	贴标签	概念化	范畴化
……有领导、同事们的支持帮助和认可，没有他们也成就不了现在的我…… ……你想想如果没有这些有利的因素，我都无法可以想象一下那是什么样的场景，肯定不会是现在的这番景象吧…… ……我能干好这份工作离不开家人对我的帮助和支持……	a75 没有领导和同事的支持与认可就成就不了现在的我 a76 如果没有这些有利因素，我无法想象现在这番景象 a77 我能干好工作离不开家人的帮助与支持	aa56 被支持被认可成就自我 aa57 有利因素成就了自我 aa58 家庭支持促使做好工作	A15 成就自我的原因 A16 干好现在工作的原因
……我也很感谢单位领导对我信任，给我提供了那么多资源和平台，通过工作让我变得更加自信，同时也感受到自己存在的价值……	a78 领导对我工作的信任 a79 领导给我工作提供了资源和平台 a80 工作让我变得自信 a81 工作让我感受到自己存在的价值	aa59 领导信任 aa60 平台和资源的提供 aa61 自信来源 aa62 自我价值来源	A17 自信和自我价值的来源

访谈文本	贴标签	概念化	范畴化
……当然自己从物质方面还是精神层面上都得到了肯定……	a82 从物质和精神层面得到肯定	aa63 物质层面的肯定 aa64 精神层面肯定	A18 价值肯定
……目前我也非常享受我的工作状态,看到同事经过我的指导科研项目顺利的申报、实施以及最后通过验收后,我全程参与过的成就感……	a83 看到经过我指导的项目顺利申报,我有成就感	aa65 成就感	
……参与决策过程,自己向领导进言的管理建议得到采纳时的认同感……	a84 建议被领导采纳的被认同感	aa66 工作能力肯定	
……他们改变了以前对我们的看法和偏见,工作中也得到了他们的认可和支持……	a85 工作得到了他们的认可		
……现在科研人员在项目经费的申报阶段我也会被邀请参与制定项目经费的预算,用自己的专业知识为科研人员提供经费预算申请方面的帮助,我会根据科研人员对科研从事的具体工作,项目进度的实施情况结合以往类似项目经费支出经验,提出每项预算经费的合理化建议……	a86 被邀请提供专业帮助		A19 能力肯定
……双方都更加了解彼此工作性质,除了专业优势互补外,同事之间彼此之间的工作认同感也得以加强……	a87 同事之间的彼此工作认同感加强		
……自己在专业方面已经取得高级职称和相关执业证书也算是对自己所从事的专业的一种肯定吧……	a88 自己的职称和职业资格证也是对自己专业的一种肯定	aa67 专业能力肯定	
……平时工作中同事面临着各类跟财务相关的事情时都会第一时间打电话征求我的意见这个事情怎么弄比较好,有啥要求呀有没有违规呀,我心里也很开心这也是同事们对我工作的一种认可呀……	a89 同事打电话咨询我的意见		
……现在的自己不能说多么优秀,我对自己很满意,都是通过自己努力积累来的……	a90 不能说自己多优秀,但我对自己很满意	aa68 自我认可	

续表

访谈文本	贴标签	概念化	范畴化
……另外领导对我的工作能力也是充分信任和肯定的……	a91 领导对我工作能力的充分信任与肯定	aa69 领导信任 aa70 委以重任	A20 职责权限支持
……前几年也被任命为单位财务部门负责人,全权负责单位的财务管理工作……	a92 被领导任命为财务部门负责人		
……工作领导也非常认可我的工作,将单位的内部控制建设、单位部门整体绩效支出管理工作交给我负责,主要是负责推进单位的内控建设,制定各部门内控工作实施方案以及筹备组织召开会议,其他部门全程配合并落实执行……	a93 领导认可我的工作并交给我相关事务的职责	aa71 领导认可 aa72 决策参与	A21 心理支持
……目前我也能参与到单位事务的决策环节,列席单位的领导班子会议,遇到经费支出有争议时让我从专业的角度给出建议必要时拥有一票否决权……	a94 我能参与到单位事务决策环节,列席领导班子会议		
……工作中领导对我的支持力度也非常大……	a95 工作中领导对我支持很大		
……领导为了我的工作开展配备了必要办公条件……	a96 领导为我配备办公条件	aa73 工作支持	A22 工作支持
……同时也调配了相应的工作人员,给我搭建了很好的工作平台……	a97 调配了相应人员搭建工作平台		
……给我提供了锻炼的机会和平台……	a98 提供平台和机会	aa74 办公条件配备 aa75 平台调配	
……平时单位领导也给了我很多外出进修学习以及参加选拔的机会,去年省财政厅组织了全省财务人员工作业绩突出评比,当时知道这个消息后随口向领导说了句,没想到领导对这件事情还特别的重视,说你工作干得也挺好为什么不试试去参加评比呢……	a99 提供外出进修学习的机会	aa76 锻炼机会的提供 aa77 进修、学习机会的提供	A23 成长支持

续表

访谈文本	贴标签	概念化	范畴化
……而我的工作不像是其他的人那样可以准时的上下班,平时加班加点都都是家常便饭。工作比较忙所以对家人的照顾也是十分有限的,这一点我是十分愧对家人的…… ……我的家人却十分也理解和支持着我的工作…… ……在家的时候从来不让我干家务之类的,基本过着衣来伸手饭来张口的日子…… ……家人总说你工作忙家里有我们呢…… ……年轻人应该安心忙自己的事业去,我们老了帮不了大忙带带孩子洗洗涮涮还是可以的,毫无怨言地支持着我的工作…… ……有时因为工作中的不顺或遇到不开心的事,偶尔也会把工作中不好的情绪带回到家里,但是每次他们总是关切地问我怎么了,遇到什么困难了还是工作中碰到什么不开心的事情了,别憋在心里要及时地同我们说出来…… ……虽然工作上我们帮不上什么大忙,但是父母尽可能给我一些意见和建议,家永远是我的避风港也永远是我最坚强的后盾……	a100 工作忙照顾家人时间有限 a101 家人十分理解和支持我的工作 a102 很少让我干家务 a103 家人说我工作忙 a104 家人帮带孩子让我更多精力放在工作上 a105 我工作不顺,家人总是关切地问我怎么了,要我别憋在心里 a106 父母尽可能给我一些工作上的意见和建议	aa78 照顾家人时间少 aa79 家人理解、支持工作 aa80 家务事很少 aa81 家人体谅我工作忙 aa82 家人给我更多时间投入工作 aa83 家人安慰 aa84 家人给我工作上的意见和建议	A24 家务分担 A25 理解与体谅 A26 意见与建议

注:资料来源为根据访谈文字稿开放编码整理。

二、主轴编码过程及分析

主轴编码是一个范畴链接的过程,研究者不断在归纳与演绎间穿梭(王守玉,2012；Strauss Anselm 等,2001),目的是将开放式编码中的资料通过聚类分析重新组织起来,研究者通过回答由谁、在何时、何地、为何以及如何、产生什么样的结果等问题,来识别类别之间的关系,从而使现象在条件结构中得以呈现(Strauss Anselm 等,2004)。

本研究的主题是探讨积极职涯高原的概念内涵及形成机制,根据 Strauss 等(2001)主轴编码的典范,回答积极职涯高原是什么? 在什么情境(或条件)下这种状态会出现? 以及为什么(中介)会出现这种状态? 因循这一模式,本文将开放编码形成的 84 个概念、26 个范畴进一步归纳为 8 个主范畴(见表 4-4)。

表 4-4 主轴编码结果

编号	关系类别	主范畴	次范畴	概念
1	积极职涯高原影响因素	主管支持	A20 职权支持	aa70 委以重任 aa72 决策参与
			A21 心理支持	aa69 领导信任 aa71 领导认可
			A22 工作支持	aa73 工作支持 aa74 办公条件配备 aa75 平台调配
			A23 成长支持	aa76 锻炼机会的提供 aa77 进修、学习机会的提供
		家庭支持	A24 家务分担	aa78 照顾家人时间少 aa80 家务事很少 aa82 家人给我更多时间投入工作
			A25 理解体谅	aa79 家人理解、支持工作 aa81 家人体谅我工作忙 aa83 家人安慰
			A26 意见建议	aa84 家人给我工作上的意见和建议
2	中介变量	组织自尊	A18 价值肯定	aa63 物质层面的肯定 aa64 精神层面肯定 aa65 成就感 aa68 自我认可
			A19 能力肯定	aa66 工作能力肯定 aa67 专业能力肯定

编号	关系类别	主范畴	次范畴	概念
3	积极职涯高原态度与行为	目标规划	A1 目标定位	aa1 目标偏好 aa2 目标靶向 aa10 适时定位
			A2 职业分析	aa4 职业前景 aa8 职业预测 aa9 职业趋势
			A3 能力分析	aa3 技能缺口 aa5 能力认知 aa12 优势 aa13 能力需要
			A5 目标设定	aa6 短期目标 aa7 计划制定 aa15 长期目标
		持续学习	A6 学习动机	aa16 锻炼提升 aa17 提升途径 aa18 前沿学习 aa19 新知识学习 aa20 沟通技巧学习 aa21 深造 aa22 价值实现
			A7 学习投入	aa24 学习频次 aa25 学习强度 aa26 学习机会利用 aa23 不断更新
		推己及人	A8 将心比心	aa27 别人赚钱不容易 aa30 理解他人情绪 aa32 站对方角度考虑 aa34 不要强求他人做你不爱做的事
			A9 不迁怒	aa29 情绪隐忍 aa31 情绪克制 aa33 情绪不影响他人
		己立立人	A10 成全他人	aa35 为他人争取利益 aa36 不抢单 aa37 让单 aa38 帮助同事达成绩效
			A11 替人分忧	aa39 分担同事工作 aa40 主动交流业务难处 aa41 倾听同事难处 aa42 理解同事困难
			A12 指导他人	aa43 业务流程指导 aa44 具体业务指导 aa45 业务重点指导 aa46 业务建议 aa47 后期指导
		知足惜福	A13 珍惜福缘	aa48 相聚是缘 aa49 彼此珍重 aa51 感激拥有 aa55 懂得感恩
			A14 知足随缘	aa50 工作满意、知足 aa52 知足常乐 aa53 懂得知足 aa54 顺其自然

注:将开放编码形成的 84 个概念、26 个范畴进一步归纳为 8 个主范畴。

由上表可见,将目标规划、持续学习、推己及人、己立立人以及知足惜福5个主范畴划分为积极职涯高原态度与行为类别,将主管支持、家庭支持划分为积极职涯高原影响因素类别,而组织自尊划分为积极职涯高原的形成机制(中介条件)类别。下面分别对三个类别进行一一诠释。

首先积极职涯高原态度及行为特征的诠释:

高原期也是职涯调整期,高原员工需要重新审视和评价自己的职业生涯,需要对未来做出调整和规划(格林豪斯等,2006)。尤其在组织变革和技术革新不断加快的情境下,各类职业对从业者的知识、技能、心理素质等要求越来越高,无形中增加了职业竞争的压力(林枚等,2010)。面对晋升停滞,知识和技能上的陈旧,高原员工职涯规划不容小觑。否则伴随着职涯高原期的另一个问题——"落伍"(即组织中的专业人员由于知识陈旧、技能缺乏更新,导致胜任力下降的一种现象[①]),便会随之而来。因此,高原员工要结合自身能力特征[②],充分考虑个人当前与未来发展的目标,并结合行业发展与职业前景分析等,准确定位,制定合理的生涯发展目标。由此,本研究将职业分析、个人能力分析、目标定位以及目标设定4个范畴归纳为目标规划这一主范畴。

生涯发展是个体终其一生的事业,中国文化的伟大缔造者孔子终生"学而时习"的生涯历程,即"吾十有五而志于学,三十而立,四十而不惑,五十而知天命,六十而耳顺,七十而从心所欲,不逾矩"(刘君祖,2016),为生涯发展提供了典范。所以职业生涯发展[③]的过程亦是一个自我导向、不断学习的过程(龙立荣,2002)。再加上高原期员工面临知识、技术的陈旧以及"落伍"的风险,更应该强调学习的重要性。高原员工应该继续学习,及时更新自己的知识和技能(龙立荣等,2003)。由此,本研究将学习动机和学习投入2个范畴归纳为持续学习这一主范畴。

积极职涯高原除具有以上"人—事"上的积极行为和特质外,在"人—我"关系上,依然具有积极的表现。研究表明(Lentz et al.,2009;Salami,2010;Tabarsa et al.,2016)指导他人、为他人提供心理辅导有助于削弱职涯高原的负面影响。也就是说扮演导师角色的高原员工,往往绩效水平更高。由此可见,指导他人,为他人提供心理辅导可以视为职涯高原的积极特质,这也是一种积极人—我关系的

---

① 格林豪斯等.职业生涯管理[M].北京:清华大学出版社,2006:182.

② 如长期的工作实践与沉淀,使个人职业能力趋于成熟,具体表现在职业技能娴熟、工作经验丰富,并具有相对稳定、成熟的价值观念,责任心较强、人际交往及事务处理能力显著提高等(杜林致,2006)。

③ 职业生涯发展不一定是晋升,也不一定非要是组织的培训,而是一种自我导向的连续学习的过程(龙立荣,2002)。

呈现。在儒家文化影响下,中国人在人我关系上,倡导个体要时时省察自己所处的生涯时位及德行,同时也要以同理心去体会他人所处的时位与德行,从而推己及人、各尽其能(陈明德,2015),实现修己以成内圣的涵养,安人以成外王的德行(Huang 黄培钰 Pei-Yuh,2007)。所以高原期员工应该坦然接受现实,以高姿态面对后生挑战,像刚进入职涯初期的自己,渴望前辈的体认和扶植一样,去关心和帮助年轻员工的成长(李宝元,2007)。为此在"人—我"关系上,本研究将成全他人、替人分忧以及指导他人 3 个范畴归纳为己立立人主范畴;将不迁怒、将心比心2 个范畴归纳为推己及人这一主范畴。

　　"人—事"关系的展开以"人—我"关系为形式,两者不仅构成人存在的基础,又为人创造了新的天地,并由此重塑人的存在,人的存在必然离不开对价值和意义的追求,而"事"构成价值和意义的生成之源(杨国荣,2019a)。职涯高原个体正是在"事"中,即在与同事、上级的互动,在对一切工作所需"物"的作用中,提升内在精神,涵养德行,正所谓"徒知养静而不用克己功夫,临事便要倾倒。人须在事上磨炼方立得住,方能静亦定动亦定(王守仁,2004)"。也就是说,高原个体通过"能其事",即在人与事上积极行动,从而"成其德""能其心",即涵养积极、乐观的生涯态度和观念。这也是一个身与心、理性与情意、知与行彼此交融,"历事炼心"的过程。基于以上分析,本研究将珍惜福缘、知足随缘进一步归纳为知足惜福主范畴。

　　其次,积极职涯高原特质产生的条件诠释。

　　Jung 和 Tak(2008)指出主管支持在职涯高原与工作满意和组织承诺之间起着调节作用,即主管支持削弱了职涯高原对工作满意度和组织承诺的消极影响。也就是说,那些获得主管支持越多的高原员工,越倾向于积极的工作态度和行为,如高的组织承诺、工作绩效、组织公民行为等。另外,家庭支持也扮演着重要的角色,有研究指出家庭往往需要个体付出额外的时间和精力,很容易与工作发生冲突,常常导致个人的工作投入减少或工作流动受限等(Gattiker,1988)。显然,一旦个体获得更多的家庭支持,会让个体获得更多的积极情绪,将更大的能量或精力投入工作。所以,高原员工的积极态度和行为,受到上级支持和家庭支持的影响。为此,本研究将主管支持(由职权支持、心理支持、工作支持、成长支持归纳得出)和家庭支持(由家务分担、理解体谅、意见建议归纳)两个主范畴,界定为积极职涯高原的条件或前因变量。

　　最后,积极职涯高原的形成机制诠释。

　　本研究把由价值肯定和能力肯定归纳得出的组织自尊主范畴,界定为积极职

涯高原的中介变量,理由如下:

其一,根据 Steele(1988)的自我肯定理论(self-affirmation theory),个体具有保护自我完整性(Self-Integrity)①的动机,一旦遭遇压力或威胁,个体就会对自我完整性进行维护与修复。主要包括两种策略,一种是防御性心理适应,通过忽视、避免、重新解释,甚至歪曲威胁来维持自我完整性,但这种策略减少了个体从威胁中学习与成长的可能性;另一种是间接性心理适应,即自我肯定,通过肯定与自我完整性相关的其他方面,如从事有意义的事业、延长陪伴孩子的时间或者在办公室取得更多的成绩等,来补偿②或应对威胁(Steele,1988;Sherman et al.,2006)。职涯高原作为一种特定的压力(Ference et al.,1977;Bardwick,1986b;Allen et al.,1999;Song et al.,2019)同样会威胁到个体的自我完整性。有别于防御性、消极的修复策略,组织自尊即个体的自我肯定使高原个体意识到自己的价值并不取决于眼前晋升的停滞,以及工作的乏味,而是能够以更为开阔的视野来看待自己与职业生涯。因此他们不会歪曲或重新解释高原压力与威胁,能以更为积极、开放的态度,面对和回应高原压力与威胁,从而获取利用高原期进行积极学习与成长的机会。

其二,根据库利的"镜中我"理论,自我是社会化过程的结果,在这个过程中,我们学会用他人看待我们的方式来看待自己,他人对我们的态度就好比一面镜子,成为个人自我认知和评价的参照与基础(时蓉华,1998;Yeung et al.,2003)。职涯高原员工根据主管以及家人对自己的态度和行为来对自我进行认识和评价,如来自组织中的上级和家庭的支持构成了"镜中我"即客我,而作为评价主体的我"I"即主我,通过诸如"我认为我是⋯⋯"的评价,来判断主我与客我之间的差距,从而产生自我肯定的情绪体验。因此组织自尊(自我肯定)在主管支持、家庭支持与积极职涯高原之间起着中介作用。

三、选择性编码与模型构建

选择性编码的结果是形成核心范畴,即在已有概念、范畴中经过系统性的分析,选择或进一步归纳、抽象出一个具有"提纲挈领"作用的核心范畴(陈向明,

---

① 所谓的自我完整性是个体对自我的一种评价,总的来说,自己是一个好的、合宜的人,具有以下特征:善良、有道德、成功、对生活可控。主要表现在如下方面:聪明、理性、自主、对重要结果的控制、成为好的团队成员、保持密切的关系等(Sherman et al.,2006)。

② 所谓补偿是指个体通过强调生活领域其他方面(如家庭、朋友、事业、音乐、艺术或者宗教等)的价值来弥补某一方面的失败(Sherman et al.,2006)。

2000）。核心范畴的目的是为了解释整个故事线，勾勒不同范畴之间的关系，以进一步回答研究了什么？产生什么样的结果等问题，形成一幅脉络清晰、具有现实根据的图像（Strauss Anselm 等，2004）。选择性编码的实现路径是通过撰写故事线，帮助研究者明确核心范畴，并借由条件、脉络、策略、结果等编码典范，将核心范畴与其他所有范畴链接起来，进一步发展尚未完备的范畴，从而对理论进行整合与修正（王守玉，2012；Strauss Anselm 等，2004）。

根据研究目的，本研究进一步将经由开放编码、主轴编码得出的概念、范畴及其关系进行比较，发现"积极职涯高原及其形成机制"可以成为统领整个范畴的故事线。本研究使用 NVivo11（Plus）软件，根据代码间的逻辑关系（因果关系），构建概念模型，如图 4-2 所示。根据模型可见，积极职涯高原的概念内涵包括目标规划、持续学习、推己及人、己立立人、知足惜福 5 个维度。围绕积极职涯高原及其形成机制这一核心范畴的故事线：即主管支持和家庭支持会通过组织自尊促使积极职涯高原行为的产生。具体来讲，当高原个体获得被委以重任或被给予更多决策参与的机会、获得更多的信任与认可、工作支持以及成长与学习的机会等来自主管方面的支持，或者更少的家务分担、更多的理解体谅以及意见建议等来自家庭方面的支持后，会使其产生更多的自我价值肯定以及自我能力方面的肯定，具备较高的组织自尊感，从而促使高原员工表现出更多目标规划、持续学习、推己及人、己立立人以及知足惜福等积极态度与行为倾向。

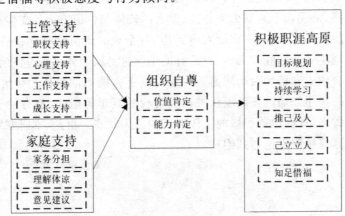

图 4-2　积极职涯高原及其形成机制

四、理论饱和度检验

理论饱和是指当继续收集到的资料，再也不能产生新的理论洞见和新的概念面向时，即达到理论饱和。本研究采用相互比较法①，即通过编码比较，排除具有相似概念和范畴的数据对象后，再确定样本的采集点，在连续比较了 13 个数据对象后，发现没有新的与研究主题相关的概念和范畴产生，故停止继续采样。因此本研究的样本是通过概念与概念、概念与范畴、范畴与范畴之间不断的比较后，发现围绕研究主题已经没有新的概念和范畴产生，所以最终确定了本研究的访谈样本数为 13 人。

为进一步验证理论的饱和情况，本研究再次选取 2 位具有积极行为特质的高原员工进行访谈并编码。结果如图 4-3、图 4-4、图 4-5 所示，发现积极职涯高原的概念范畴基本上都是围绕目标规划、持续学习、推己及人、己立立人以及知足惜福展开，即便代码和概念上可能出现一些出入，但是以上 5 个范畴基本上可以解释积极职涯高原个体的态度和行为特质，故积极职涯高原概念已经达到饱和。另外，主管支持和家庭支持方面也没有发现新的属性产生。积极高原员工感受的主管支持基本来自职责的增加、权力的赋予或者领导的认可和鼓励等心理维度以及工作环境方面的支持，个人学习与成长方面机会的获取等。家庭支持方面，由于大部分高原个体年龄基本在 40 岁左右，肩负的家庭和社会责任较多。通过访谈发现他们在家庭支持方面，都偏向于家庭劳务分担、家人的理解与体谅方面的支持。高原员工经历了职场的历练，积累了一定的人生阅历，对个人的价值感和存在感非常看重。通过访谈发现主管及家庭方面的支持，有助于促进高原个体自我价值的感知，这种感知可以来自物质和精神两个层面。主管对其工作能力的信任和认可，无论通过心理层面的鼓励还是通过委以重任或者决策权的赋予等形式，都有助于高原个体自我能力的肯定，从而保持积极的工作态度和行为状态。由此，本研究发现积极职涯高原及其形成机制理论达到饱和。

---

① 参见靳代平，王新新，姚鹏. 品牌粉丝因何而狂热？——基于内部人视角的扎根研究[J]. 管理世界，2016(09)：102-119.

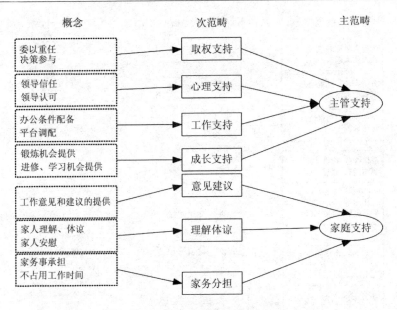

图 4-3　**理论饱和检验编码结果**(1)

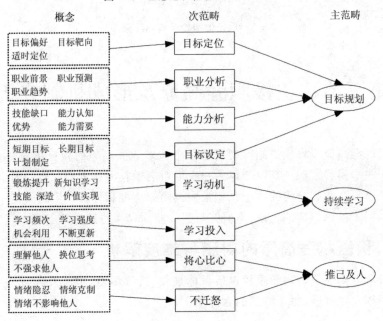

图 4-4　**理论饱和检验编码结果**(2)

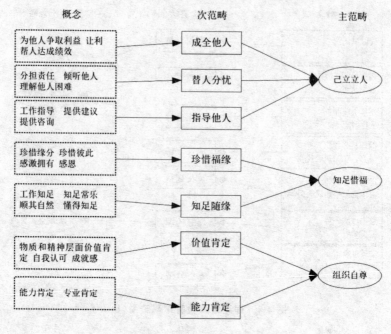

图 4-5　理论饱和检验编码结果(3)

第三节　积极职涯高原及形成机制分析

积极职涯高原及形成机制模型解释了个体对职涯高原的积极反应、应对及内在机理。主要回答了职涯高原个体的积极应对表现在哪些方面？哪些因素会影响积极职涯高原态度和行为的产生？积极职涯高原态度和行为产生的内在原因是什么？根据以上编码形成的理论，本研究将进一步对结果进行分析如下：

一、积极职涯高原的内涵与维度解析

积极职涯高原概念内涵主要包括目标规划、持续学习、推己及人、己立立人以及知足惜福 5 个维度，每个维度的含义如下：

(一)目标规划

李宝元和王明华(2014)指出职涯高原期的个体往往面对两种困境,一是职业升迁上的"瓶颈"与个人强烈职业成就感需求之间的矛盾,二是外部标准越来越高的职业技能要求与个体精力及学习能力下滑之间的矛盾。面对以上矛盾如何应对,首先要做到积极的职业目标规划。"凡事预则立,不预则废。言前定则不跲,事前定则不困,行前定则不疚,道前定则不穷。[①]",在中国传统文化影响下,凡事都要谋定而后动。做事要有规划,尤其对于高原期的个体来说,首先要根据自己的目标偏好,以及职业发展前景与趋势分析,确定合理的目标,准确定位个人的职业锚。其次要根据个人的职业锚及时发现自身的技能缺口以及从事职业所需要的近期和长期能力需求。在此基础上,从而循序渐进的制定短期和长期职业目标。

(二)持续学习

中国传统文化下的职业生涯观强调了"终身学习"以及"学而时习"的重要性。即个体要不断去学习,并将所学适时地运用于实践,做到知行合一。对于职涯高原期的个体来说,大多数人往往在经历了"三十而立",面对"四十不惑"的生涯阶段,"学而时习"的理念尤显重要。如何做到持续学习呢? 首先要明确个人的学习动机,往往高原期的个体在个人学习上都倾向于个人能力的提升。尤其在当今技术革新加快、职业技能要求不断提升的背景下,高原期个体面临着知识和技能亟须更新的迫切需求,以及不断深造的愿望,从而充分发挥自身能力,实现个人自我价值。其次是积极的学习投入,高原期个体往往正处于家庭、社会、组织的"中流砥柱"地位,即肩负着各种责任与使命。因此如何有效利用时间和机会去学习,学习的强度和频次该如何权衡是每个积极高原个体需要考虑的问题。

(三)推己及人

职涯高原期往往也是一个职涯成熟期(格林豪斯等,2006),在中国传统文化下,这种职涯成熟,不仅仅反映在个人职业能力的娴熟、做事风格的沉稳上,更多表现为人际关系的练达。在人我关系上,中国人更多强调"己所不欲,勿施于人,在邦无怨,在家无怨。[②]",也就是说自己不愿做的事情,也不要去强加于他人,要与同事

---

① 见《中庸》第二十章。
② 见《论语·颜渊》。

相处融洽,在家更要和睦友爱。所以在人我关系中,个体应以同理心去体会他人境遇,从而推己及人、各尽其能(陈明德,2015)。积极职涯高原在人际关系上强调推己及人,主要表现在:个体在人我关系上要懂得换位思考,理解他人境遇,不强求他人,要做到将心比心。此外,当遇到人际关系冲突时,要学会情绪上的隐忍、克制,要懂得"所恶于上,毋以使下;所恶于下,毋以事上;所恶于前,毋以先后;所恶于后,毋以从前;所恶于右,毋以交于左[①]",不迁怒的人际行为准则。

(四)己立立人

尽管西方社会交换理论视角下的互惠原则,在解释中国人的人事关系和人我关系上,同样具有一定的积极意义。但是中国传统文化下的"修己安人""己立立人"思想在解释中国人的利他行为上更具适切性。

本研究在对积极高原个体访谈过程中,发现了中国人在利他行为中往往具有一种"舍己为人""成人之美"或"成全他人"的倾向,这种倾向无法用西方流行的社会交换理论以及"互惠"原则来解释。而中国传统文化有讲"唯天下至诚,为能尽其性;能尽其性,则能尽人之性;能尽人之性,则能尽物之性;能尽物之性,则可以赞天地之化育;可以赞天地之化育,则可以与天地参矣[②]"。强调个体在处理生活和工作等事务中,要以尽己之性去尽人之性,即充分发挥个人的能力去积极影响他人,使他人也能够发挥其潜质和能力,从而更好地成就自我。同时,还要"知周乎万物而道济天下[③]",即掌握事物的规律,从而裁成天地、辅相万物,做到尽物之性,即成就事业。

积极职涯高原个体的己立立人行为倾向主要表现在:首先,个体为他人争取利益,关键时刻可以做出让利,以助他人绩效达成,即所谓成全他人;其次在他人有困难或者需要时,为他人分担责任,倾听他人难处,并给予同情和理解,即所谓替人分忧;最后,为他人提供工作上的指导,对于高原期个体往往在职业经验和能力上处于优势,所以更倾向于为他人提供工作上的建议、咨询和指导,即表现出指导他人的行为倾向。

(五)知足惜福

正如前文所述,职涯高原期是一个职业"稳定期",同时也是一个职业"维持

---

① 见《大学》第六章。
② 见《中庸·第二十二章》。
③ 见《周易·系辞上》。

期"，个体外在的表现可能是如何巩固既有成果，保有在组织中既有的职位和地位[①]，但实际上却是内在如何修养德行，即"不患无位，患所以立，不患人不知，求为可知也[②]"。高原个体应该时时警醒"满招损，谦受益[③]"，避免自满、恃才傲物的心理倾向。要时刻反思自己是否德才兼备，而不要总想着是否可以获取一个更好的职位。老子讲"名与身孰亲？身与货孰多？得与亡孰病？甚爱必大费，多藏必厚亡。故知足不辱，知止不殆，可以长久。[④]"由此，可见一个人的言行举止、能力与修养才是最重要的，不要贪图是否有一个好的职位或者头衔。"知足"并不是不求上进，而是不妄求，不妄求也就不会招来辱身或者有辱使命之祸。而"知止"则是要懂得该"止"在哪里，所"止"之处便是个人所"珍惜"的地方。对于高原期个体，往往都是"不惑之年"、四十左右的中年人，能够更为理性地看待个人的职涯发展以及工作中的人情世故，而不再轻易受到欲望所驱使。所以，高原个体更应该懂得知足惜福。本研究通过对积极职涯高原个体访谈编码发现，知足惜福只要表现为，在组织中珍惜人与人之间情义和融洽的人际氛围，以及个人工作、事业上的成绩和成果，懂得感恩等珍惜福缘的一种心理、行为倾向，其次，在工作中要能够结合自身能力和组织情况，不妄求、顺其自然，知足随缘的一种行为特质与倾向。

由此可见，积极职涯高原的行为特质，前四个维度即目标规划、持续学习、推己及人、己立立人反映了职涯高原个体外在的态度与行为倾向。是一种"天行健，君子以自强不息"的积极进取心态与行为准则；而知足惜福维度则反映了职涯高原个体内在的处世态度和价值倾向，是一种"地势坤，君子以厚德载物"的谦虚、包容的为人处世准则。这也印证了中国文化中的太极思维，一阴一阳构成万事万物的准则。所以职涯高原个体内在的"含章可贞[⑤]"，外在的"君子终日乾乾、夕惕若、厉[⑥]"一里一表、相得益彰，构成职涯高原个体的心理、行为准则。

二、积极职涯高原的影响因素解析

本研究发现影响积极职涯高原的因素主要包括主管支持和家庭支持，从访谈结果来看，这两种支持对于高原个体的心理和行为具有重要的影响，具体表现如下：

---

① 李宝元，王明华.职业生涯管理：原理·方法·实践[M].北京师范大学出版社，2007：7.
② 见《论语·里仁篇》。
③ 见《尚书》。
④ 见《道德经·第四十四章》。
⑤ 见《易经·坤卦》。
⑥ 见《易经·乾卦》。

（一）主管支持

主管支持属于职场中的社会性支持，是组织中个体所感知的主管为其提供的帮助及鼓励和关心的程度，主管支持有助于个体工作压力的减缓，和积极工作态度与行为的提升（如高的情感承诺、工作满意以及工作投入等）[①]。关于主管支持的构成与测量学界基本沿用组织支持量表，将"组织"改为"主管"，通常采用单维量表，问题涉及主管的帮助、精神上的关照和鼓励等[②]。本研究通过对积极职涯高原个体的访谈文本进行编码发现，主管支持主要表现为委以重任和决策参与等职权相关的支持，信任以及认可等心理方面的支持，办公条件配备以及平台调配等工作方面的支持，以及锻炼、学习、进修机会提供等成长方面的支持。当高原个体感知到以上任意一种或几种主管支持后，都会促进积极的工作态度和认知。如在访谈中有被访者指出"N1-M3-20200420：……有领导、同事们的支持帮助和认可，没有他们也成就不了现在的我。""N9-M3-20200610：……你想想如果没有这些有利的因素，我都无法想象那是什么样的场景，肯定不会是现在的这番景象吧……"由此可见，主管支持在个体积极的工作状态和积极的结果方面具有至关重要的影响。

（二）家庭支持

中国传统文化相比西方更加重视家庭在个人生活、工作中的重要作用，家庭支持是指个体所感知的来自家庭的资源提供程度[③]。家庭支持有助于个体身心的恢复、维持并增进个体的身心健康和幸福感，以及工作职责的履行等[④]。学界常用的家庭支持测量主要沿用社会支持量表的三个维度，即情感支持、信息支持和工具支持来测量。如李永鑫（2009）以及王国川等（2014）均按照以上三个维度对家庭支持的概念结构进行定义和测量。本研究根据扎根理论结果发现家庭支持主要表现为家务分担、理解体谅和意见建议三个维度，与已有研究的内涵基本保持一致。研究

---

① Rhoades，L.，Eisenberger，R. Perceived Organizational Support：A review of the Literature. [J]. Journal of Applied Psychology，2002，87（4）：698.

② Eisenberger，R.，Stinglhamber，F.，Vandenberghe，C.，et al. Perceived Supervisor Support：Contributions to Perceived Organizational Support and Employee Retention. [J]. Journal of Applied Psychology，2002，87（3）：565.

③ 马灿，周文斌，赵素芳. 家庭支持对员工创新的影响——工作投入的中介和生涯规划清晰的调节作用[J]. 软科学，2020（01）：103-109.

④ 陈远. 家庭支持概念的新内涵[N]. 中国人口报，2018-10-15.

中有被访者指出"N12-F3-20200810：……我能干好这份工作离不开家人对我的帮助和支持……"由此可见家庭的支持有利于促进积极职涯高原行为的产生。

三、积极职涯高原的形成机制解析

扎根理论的结果显示,组织自尊在主管支持、家庭支持与积极职涯高原行为之间起着中介作用。有访谈者指出"N2-F3-20190920：……我也很感谢单位领导对我的信任,给我提供了那么多资源和平台,通过工作让我变得更加自信,同时也感受到自己存在的价值……"可见主管支持往往会促进员工价值和能力的感知。并且这种自信和价值的感知又会促进积极职涯高原的行为,如"N8-F2-20200510：……平时工作中同事面临着各类跟财务相关的事情时都会第一时间打电话征求我的意见,如这个事情怎么弄比较好,或者有啥要求呀,有没有违规呀等。我心里也很开心,这也是同事们对我工作的一种认可呀……"

综上所述,显然组织自尊解释了积极职涯高原行为的形成机理。组织自尊主要指个体对自己是否有能力、并对组织有价值的一种主观的评价,组织自尊感越高个体所感知到的在组织中的意义感、价值感就越强[1]。本研究中扎根理论的结果显示,组织自尊主要表现为高原个体感知价值肯定和能力肯定两个方面,涉及来自物质、精神层面的价值肯定,自我认可与成就感,以及个体感知到他人如主管和自身对其能力与专业的肯定等。如"N13-M2-20200920：……当然自己从物质方面还是精神层面上的都得到了肯定……N8-F2-20200510：……目前我也非常享受我的工作状态,看到同事经过我的指导,科研项目顺利的申报、实施以及最后通过验收,我有一种全程参与的成就感……N6-F3-20200310：……参与决策过程,自己向领导进言的管理建议得到采纳时的认同感……"等反映了高原个体从方方面面获得组织自尊感,从而对他们积极的态度和行为产生影响。

---

① Gardner,D. G. , Van Dyne,L. ,Pierce,J. L. The Effects of pay Level on Organization-Based Self-Esteem and Performance：A field Study[J]. Journal of Occupational and Organizational Psychology, 2004, 77 (3)：307-322.

第五章　积极职涯高原量表的开发

本部分主要通过积极职涯高原量表的编制,来进一步对前文所构建的积极职涯高原概念进行检验,从而确定积极职涯高原的内在结构。具体思路和步骤如下:首先,根据扎根理论形成的积极职涯高原理论框架,并结合已有文献形成积极职涯高原初测量表;其次,对初测量表进行测试,并运用项目分析和探索性因子分析对初测量表进行调整与修正,从而提出新的积极职涯高原量表;接着,通过对新量表的测试,经过再次的项目分析、探索性因子分析,最终确定结构稳定的量表;最后,运用验证性因子分析对积极职涯高原量表的结构进行验证,并对其信度、效度进行检验。

第一节　积极职涯高原量表项目的形成

尽管本研究旨在探明职涯高原领域一个新的理论方向,但是不能仅仅依靠统计技术和方法来决定量表的结构,还需要借鉴和依据已有理论来进行量表内容的编制。正如德威利斯(2004)所指出的,"虽然在编制和验证一个量表中会涉及很多技术方面的问题,但是我们不应该忽略与测量现象相关联的理论的重要性①"。

一、积极职涯高原题库编制的思路与步骤

本研究在积极职涯高原量表题库的编制上因循以下步骤:首先,根据前文扎根理论方法所探索的理论框架,并参考国内外相关文献和量表,确定积极职涯高原量表题项设计的基本范围和边界;其次,本研究通过与企业高原员工的交流与讨论,使量表题项得到社会现象的再认。

---

① 德威利斯.量表编制:理论与应用[M].重庆:重庆大学出版社,2004:67.

首先，根据扎根理论形成的积极职涯高原概念框架，本研究将积极职涯高原界定为"职涯高原情境下，个体在人—事、人—我、自我关系上的一种积极状态。具体表现为人事上的进取、人我关系的和谐以及自我富足的一种动态过程。"本概念主要包含5大属性或范畴，即目标规划、持续学习、推己及人、己立立人和知足惜福。然而，这5大范畴是否能够得到现实经验的验证？积极职涯高原概念是否真实地呈现这样的结构？显然有待于经验研究的进一步验证与修正。根据以上积极职涯高原的定义与5大范畴，本研究参考国内外相应理论与成熟量表，构建积极职涯高原量表题库。

其次，邀请2位心理学博士生和1位管理学教授进行小组讨论，以确保本量表的内容效度以及所有题项均能反映其背后潜在的积极职涯高原的程度。

二、积极职涯高原题库及测量模式的选择

积极职涯高原量表题库编制中针对以下两种问题进行修正：

第一，态度或行为倾向题项中陈述强度的问题。一般情况下，此类问题陈述强度不能太弱。例如"PCP2 相对来说，我知道应该做什么来实现我的职业目标"。本题属于陈述强度太弱，被试基本上都会觉得符合，这样就失去了区别度。因此，改为"PCP2，我知道应该做什么来实现我的职业目标"，被试回答就可以在完全不符合和完全符合这样一个从否定到肯定的连续体上。

第二，对相关条目表达、词汇含义的"双筒枪"[①]题项进行修正，以防止歧义或者量表内容偏离测量目的（每一个题项都是对要测量结构的一个解释[②]）。

最后共形成73[③]条目积极职涯高原量表题库，如表5-1所示。题库形成的基本原则是题项集合的范围尽可能大一些，这样就可以避免从题库中随机抽取题项的误差，同时又可以提高量表的信度（德威利斯，2004）。所以本研究围绕测量的结构采用多种提问策略（如冗余[④]），在量表构建初期尽可能多地设置题项。另外，

---

① 所谓的"双筒枪"简单来说就是"一石二鸟"型题项，一个问题传达了两个或两个以上的意思，这种题项是严格被杜绝的。（参见德威利斯．量表编制：理论与应用[M]．重庆：重庆大学出版社，2004：76．）

② 德威利斯．量表编制：理论与应用[M]．重庆：重庆大学出版社，2004：73．

③ 之所以是73条目，是考虑到本研究扎根部分构建的积极职涯高原包括5个维度，最终量表形成后，每个维度一般最少3—4个题项，则积极职涯高原应该有20个题项，根据维利斯（2004）的观点，量表题项库应该是最终量表题项的3—4倍，所以积极职涯高原题项库应该至少建立45—80个题项。

④ 所谓冗余，即通过不同的提问来表达一个相同的意思。（参见德威利斯．量表编制：理论与应用[M]．重庆：重庆大学出版社，2004：72．）

因为个人自我评价过程中往往会产生一致性偏见或社会期许效应,所以适当的反向题设计也是必要的。正如条目"PCP31 既然我的上级不给我痛快,我也不会让我的下级过得舒坦"和条目"PCP32 当与同事相处不愉快而情绪不好时,我总是闷闷不乐,谁也不想搭理"采用了反向题的形式来测量推己及人的程度。

　　测量模式上,考虑到本研究主要测量的是态度和行为倾向,所以采用7点Likert量表,即题项使用陈述句,反应项表达对该陈述句观点的赞同和不赞同程度的变化。"1"代表"完全不符合","2"代表"不符合","3"代表"有点不符合","4"代表"不确定","5"代表"有点符合","6"代表"符合","7"代表"完全符合"。

表 5-1　积极职涯高原量表题库

编号	题项	反向	参考文献
PCP1	我的职业目标很清晰	N	Gould(1979)
PCP2	我知道应该做什么来实现我的职业目标	N	
PCP3	我会尽力发挥自己的能力来改善现状	N	戴吉(2013)
PCP4	即便在实现职业目标的过程中遇到困难,我也不会轻易放弃	N	
PCP5	做事之前,我一般都会思考行动的方案	N	
PCP6	我的职业目标和计划的实施,不会受到个人情绪的影响	N	
PCP7	我清楚自己的近期目标是什么	N	
PCP8	我清楚未来几年我想要做什么	N	
PCP9	我已经设定了未来几年的目标,并计划如何实现	N	
PCP10	我很注重学习与工作有关的技能	N	龙立荣(2002)
PCP11	我会定期通过网络、书籍或者其他媒介学习工作相关的知识、技能	N	
PCP12	我会定期设置学习目标并努力执行	N	
PCP13	我希望单位能多提供一些学习或培训的机会	N	

编号	题项	反向	参考文献
PCP14	只要单位有学习或培训的机会,我都会积极参加	N	
PCP15	当我工作中遇到问题,我会主动向他人请教	N	
PCP16	我一直在努力学习各项工作有关的技能	N	
PCP17	我感觉自己需要不断地学习	N	徐海燕(2008)
PCP18	我喜欢了解新事物	N	
PCP19	我很善于从生活中学习新知识	N	
PCP20	在工作中,我感到精力充沛	N	
PCP21	我对自己的工作充满热情	N	Schaufeli(2019)
PCP22	我能够全身心地投入工作	N	
PCP23	现在的工作让我感到充实,有前进的动力	N	
PCP24	我可以长时间地持续工作	N	戴吉(2013)
PCP25	我会尽力做好自己的本职工作,很少推卸责任	N	
PCP26	工作是我全部生活的重心	N	
PCP27	我不喜欢的事情,也不会强加给别人	N	
PCP28	在与同事相处的过程中,我通常能设身处地地为他人着想	N	
PCP29	当我遭到上级的不公正对待后,我不会用同样的方式来对待我的下级	N	
PCP30	当有人对我态度不好,我不会用同样的态度对待其他人	N	赵梅如(2004),更多参考张居正解读大学中庸,结合儒家己所不欲勿施于人、修己达人思想编制
PCP31	既然我的上级不给我痛快,我也不会让我的下级过得舒坦	R	
PCP32	当与同事相处不愉快而情绪不好时,我总是闷闷不乐,谁也不想搭理	R	
PCP33	当同事有困难时,我会提供帮助	N	
PCP34	我有很多指导年轻员工的经验	N	
PCP35	我一直很乐意为年轻员工提供工作上的指导	N	
PCP36	当同事心情不好时,我会给予关心与安慰	N	

编号	题项	反向	参考文献
PCP37	我会为年轻员工提供职业规划上的指导	N	Salami,2010
PCP38	我很乐意向年轻员工或同事分享我的工作经验	N	
PCP39	在我的单位,我有扮演导师(指导者)的经验	N	
PCP40	我会经常赞扬和鼓励我的同事	N	
PCP41	我会帮助同事建立良好的人际关系	N	
PCP42	当遇到人际冲突时,我会尽量克制自己的情绪	N	林育淇(2019)
PCP43	当我与他人发生冲突后,我会想对方心里肯定也不好受	N	李敏龙(1998)
PCP44	冲突发生后,我会自我检讨、改进,以期有圆满的结果,并扭转局面	N	
PCP45	我会根据具体情况,选择忍耐或表达情绪	N	黄曬莉等(2008)
PCP46	当发生冲突时,我会试着去容忍和体谅对方	N	
PCP47	当我生气、难过的时候,我会试着了解对方的立场	N	
PCP48	当发生冲突时,我会试着去包容对方的意见	N	
PCP49	面对责难时,我总是默默承受	N	
PCP50	当我情绪不好时,我会努力调整心态	N	
PCP51	当发生人际冲突时,我总告诫自己"忍一时风平浪静,退一步海阔天空"	N	
PCP52	当我情绪不好时,我会选择合适的方式进行自我疏导	N	

续表

编号	题项	反向	参考文献
PCP53	我能在工作中感受到快乐	N	Ashmos& Duchon(2000)
PCP54	我相信其他人会因为我的工作而快乐	N	
PCP55	工作让我内心充满活力	N	
PCP56	我所做的工作是重要的	N	
PCP57	工作让我觉得很充实	N	
PCP58	我的工作对他人和社会是有益的	N	
PCP59	对我来说,工作的意义很重要	N	
PCP60	工作使我的生活更有意义	N	Steger(2012)
PCP61	我的工作有助于我个人的成长	N	
PCP62	工作可以帮我更好地了解自己	N	
PCP63	工作为我提供了实现个人价值的平台	N	
PCP64	我的工作帮我了解周围的世界	N	
PCP65	我的工作对社会是有意义的	N	
PCP66	我很喜欢安静的时候去留意和享受身边的小事	N	林志哲(2011)
PCP67	我很庆幸自己目前所拥有的生活条件	N	
PCP68	虽然我不能得到每样我想要的东西,但我感谢我所拥有的	N	
PCP69	我会留意并肯定自己生活中所发生的好事	N	
PCP70	我珍惜现在所拥有的,因为我知道一切来之不易	N	
PCP71	我对目前所拥有的一切感到满意	N	
PCP72	对于曾经的失败和挫折,我很感谢它带给我成长的机会	N	
PCP73	我经常反省生命中最艰难的时光,以帮助我了解现在有多幸运	N	

注:围绕扎根理论形成的积极职涯高原范畴,结合相关文献编制而成。

第二节　积极职涯高原量表的初试与分析

一、研究样本选择与统计

在量表的测试上,使用较小的样本[①]也可以成功检测,并不一定非要使用 300 人或以上的大样本进行测试[②]。一般采用 7 点 Likert 量表的问卷,样本量大小可由以下公式计算[③]:

$$n_0 = \frac{t^2 \times s^2}{d^2} = \frac{1.96^2 \times 1.167^2}{(7 \times 0.03)^2} = 118$$

其中,t 代表 t 值,s 代表样本的总体标准差,d 代表可接受的误差估计。7 点 Likert 量表被看作连续性变量处理,所以样本均值落在总体均值正负 0.21 的范围内是可信的(陈晓萍等,2008)。由此可见,对于采用 7 点 Likert 量表问卷,样本量在 118[④] 以上即可。对于探索性因子分析的样本量,有研究指出样本量 50 以下为小样本[⑤],200 以上为大样本(de Winter et al.,2009)。

根据研究目的,本研究利用 Credamo[⑥] 平台,随机选取来自国企、民营以及外资企业的员工作为被试。共发放 240 份问卷,结合问卷中设置的甄别题以及被试回答时间等指标,对被试回答质量进行审查,共删除 27 份质量低的问卷,最终有效问卷为 213 份,如表 5-2 所示。

---

① 这里所说的"较小",并不是越小越好,太小的样本也会产生危险。如代表性差、量表内部一致性过于乐观的估计,或者较好的题项被排除。(参见:德威利斯. 量表编制:理论与应用[M]. 重庆:重庆大学出版社,2004:98.)

② 德威利斯. 量表编制:理论与应用[M]. 重庆:重庆大学出版社,2004:98.

③ 陈晓萍. 组织与管理研究的实证方法[M]. 北京:北京大学出版社,2008:132-134.

④ 然而,陈晓萍等(2008)指出为了稳健性估计,按照 Krejcie 和 Morgan(1970)的观点,一个自变量至少 10 个样本才能保障。因假如样本量为 118 个,那么多元回归的自变量不能超过 11 个。

⑤ 50 为探索性因子分析样本的下限。(de Winter,J. C.,Dodou,D.,Wieringa,P. A. Exploratory Factor Analysis with Small Sample Sizes[J]. Multivariate Behavioral Research,2009,44(2):147-181.)

⑥ Credamo 是国内一家专业的数据在线调研平台,面向高校科研、企业提供数据收集与分析等专业化服务,其庞大的样本空间和品质管控,确保了问卷的质量和品质。该平台与国内外很多著名大学建立合作关系,并且从该平台采集数据的研究也被诸如:Psychological Science,Journal of Consumer Research,International Journal of Environmental Research and Public Health,American Review of Public Administration 等全球顶尖期刊所接受。因此本研究的数据来源与质量具有一定的品质保障。

表 5-2 **样本分布**(N=213)

分组名称	组别	频次	有效百分比(%)
性别	女	93	43.7
	男	120	56.3
年龄	20—29 岁	41	19.2
	30—39 岁	135	63.4
	40—49 岁	32	15.0
	50 及以上	5	2.4
婚姻	未婚	25	11.7
	已婚	186	87.3
	离异	2	1.0
学历	普高/中专/技校/职高	4	1.9
	专科	22	10.3
	本科	163	76.5
	硕士及以上	24	11.3
单位性质	国有企业	64	30
	民营企业	103	48.4
	外资企业	18	8.5
	行政/事业单位	28	13.1
管理职级	普通员工	20	9.4
	基层管理者	88	41.3
	中层管理者	94	44.1
	高层管理者	11	5.2
工作任期	2 年及以下	16	7.5
	3—5 年	79	37.1
	6—9 年	57	26.8
	10 年及以上	61	28.6

积极职涯高原初试收回有效问卷 213 份,如表 5-2 所示:首先,性别结构上,男性 120 人、女性 93 人,分别占样本总数的 56.3% 和 43.7%;年龄结构上,主要集中在 30—39 岁段,共 135 人,占比 63.4%。其次是 20—29 岁和 40—49 岁人群分别为 41 和 32 人,占比 19.2% 和 15%;婚姻结构上,已婚占比最高,为 87.3%;单位性质结构上,分布最多的是民营企业 103 人,占比 48.4%。再次是国有企业 64 人,占比 30%;职级结构上,大部分样本主要由中层管理者和基层管理者构成,分别占比 44.1% 和 41.3%。这两个级别群体也是职涯高原的高发群体,并且工作任期大多集中在 6 年及以上,共计 118 人,占比 55.4%。

二、研究工具的选择

积极职涯高原初测量表,共计 73 条目,采用从完全不符合到完全符合 7 点 Likert 测量模式。该问卷围绕第四章扎根理论构建的积极职涯高原概念框架的质性探索结果,结合相关的文献和量表编制而成。

三、积极职涯高原量表的探索性分析结果

首先,采用项目分析,将 5 大范畴下的每一项指标进行加总求和,然后对加总后的新变量进行 27%、73% 高低分组,并对每一指标在高低分组上进行独立样本 T 检定。结果发现各项指标在高低分组上存在显著差异,说明每个范畴下的指标项均具有鉴别力。

其次,使用 SPSS 23.0 对积极职涯高原初始量表进行探索性因子分析。探索性因子分析的主要目的是评价和检测积极职涯高原量表的内部结构。也就是说,探索性因子分析试图回答,根据扎根理论所得出的积极职涯高原的 5 大维度编写的测量项目,是否真实地测量了该维度,或者是测量了其他的维度,能不能用更少的项目来反映其背后潜在的因子或结构。

结果发现,KMO 值为 0.891,$x^2 = 2274.142$,$df = 253$,(P<.001),说明积极职涯高原各条目之间存在共享潜在因子,适合做因子分析。然后采用主成分分析,根据特征根大于 1 进行因子提取,并逐个删除因子负荷小于 0.6、交叉因子负荷大于 0.4,以及跑错构面的项目,共删除 50 个项目,最终得到包含 23 个项目、5 个因子的积极职涯高原量表。在此基础上对初始量表进行补充,添加 6 个项目,构成积极职涯高原再测问卷。

第三节 积极职涯高原量表的再试与分析

一、研究样本的选择与统计

采取随机抽样,抽取国有企业、民营企业、外资企业等员工共 640 人,回收有效问卷 624 份(有效问卷回收率为 97.5%),将问卷随机分为 2 组,一组 361 份用于验证性因子分析,一组 263 份用于探索性因子分析(见表 5-3)。

表 5-3 **探索性因子分析数据分布**(N=263)

分组名称	组别	频次	有效百分比(%)
性别	女	115	43.7
	男	148	56.3
年龄	20—29 岁	51	19.4
	30—39 岁	165	62.7
	40—49 岁	41	15.6
	50 岁及以上	6	2.3
婚姻	未婚	34	12.9
	已婚	223	84.8
	离异	6	2.3
学历	普高/中专/技校/职高	4	2
	专科	29	11
	本科	200	76
	硕士及以上	29	11
单位性质	国有企业	83	31.6
	民营企业	126	47.9
	外资企业	23	8.7
	行政/事业单位	31	11.8

续表

分组名称	组别	频次	有效百分比(%)
管理职级	普通员工	30	11.4
	基层管理者	114	43.3
	中层管理者	108	41.1
	高层管理者	11	4.2
工作任期	2年及以下	22	8.4
	3—5年	100	38
	6—9年	69	36.2
	10年及以上	72	27.4

由表5-3可见,被试人群主要来自国有、民营及外资企业的管理层,发放问卷270份,收回有效问卷261份,其中男性148人、女性115人,分别占比为56.3%和43.7%。20—29岁群体51人,占比19.4%;30—39岁165人,占比62.7%;40—49岁群体41人,占比15.6%;50岁以上群体6人,占比2.3%。婚姻结构上,已婚占比最高,223人,占比84.8%。单位性质结构上,国有企业83人,占比31.6%;民营企业126人,占比47.9%;外资企业23人,占比8.7%;行政/事业单位31人,占比11.8%。职级结构上,样本主要集中于中层管理者和基层管理者群体,其中中层管理者108人,占比41.1%;基层管理者114人,占比43.3%。工作任期上,3—5年段100人,占比38%;6年及以上共计141人,占比63.6%。

二、研究工具的选择

积极职涯高原再测问卷,包括29个项目,其中反向题2道,其余均为正向题。采用Likert 7点测量模式,"1"代表"完全不符合","2"代表"不符合","3"代表"有点不符合","4"代表"不确定","5"代表"有点符合","6"代表"符合","7"代表"完全符合"。

三、积极职涯高原量表的探索与验证

(一)积极职涯高原量表的探索性因子分析

KMO值为.904,$x^2=2614.454$,$df=210$,说明积极职涯高原各条目之间存在共享潜在因子,并且P=.000<.05表示题项之间存在显著相关性,故适合做因子

分析。探索性因子分析结果如表 5-4 所示,原来 29 题的积极职涯高原量表经过探索性因子分析后,保留 21 题,本研究共探索出 5 个有效因子。

表 5-4 **积极职涯高原探索性因素分析结果**(N=263)

项目	探索性因子分析				
	推己及人	己立立人	持续学习	目标规划	知足惜福
PCP47	.781				
PCP48	.737				
PCP43	.731				
PCP46	.704				
PCP49	.635				
PCP44	.586				
PCP39		.778			
PCP34		.754			
PCP35		.703			
PCP38		.699			
PCP37		.676			
PCP14			.752		
PCP13			.720		
PCP17			.709		
PCP18			.668		
PCP1				.809	
PCP2				.784	
PCP7				.700	
PCP66					.730
PCP70					.706
PCP68					.606
方差解释率(%)	37.376	10.139	7.094	5.902	4.961
累积方差解释率(%)	37.376	47.515	54.609	60.511	65.472

第一个因子反映人—我关系中,个体对他人的理解与体谅,命名为"推己及人"因子。包括 PCP47"当我生气、难过的时候,我会试着了解对方的立场";PCP48"当发生冲突时,我会试着去包容对方的意见";PCP43"当我与他人发生冲突后,我会想对方心理肯定也不好受";PCP46"当发生冲突时,我会试着去容忍和体谅对方";PCP49"面对责难时,我总是默默承受";PCP44"冲突发生后,我会自我检讨、改进,以期有圆满的结果"。

第二个因子反映人—我关系中,个体对他人的帮助,命名为"己立立人"因子。包括 PCP39"在我的单位,我有扮演导师(指导者)的经验";PCP34"我有很多指导年轻员工的经验";PCP35"我一直很乐意为年轻员工提供工作上的指导";PCP38"我很乐意向年轻员工或同事分享我的工作经验";PCP37"我会为年轻员工提供职业规划上的指导"。

第三个因子反映人—事关系中,个体的积极进取,不断学习的一面,所以命名为"持续学习"因子。包括 PCP14"只要单位有学习或培训的机会,我都会积极参加";PCP13"我希望单位能多提供一些学习或培训的机会";PCP17"我感觉自己需要不断地学习";PCP18"我喜欢了解新事物"。

第四个因子反映人—事关系中,个体积极规划的方面,故命名为"目标规划"因子。包括 PCP1"我的职业目标很清晰";PCP2"我知道应该做什么来实现我的职业目标";PCP7"我清楚自己的近期目标是什么"。

第五个因子反映自—我关系中,个体懂得知足、珍惜当下来之不易的一面,故命名为"知足惜福"因子。包括 PCP66"我很喜欢安静的时候,去留意和享受身边的小事(如春暖花开、和煦阳光……)";PCP70"我珍惜现在所拥有的,因为我知道一切来之不易";PCP68"虽然我不能得到每样我想要的东西,但我感谢我所拥有的"。

邱皓政和林碧芳(2009)指出,项目载荷代表题目对潜变量的反映程度,一般情况下只要项目载荷大于 0.71,题目就具有理想的质量。然而实际中只要项目载荷大于 0.63,也就是说该因素可以解释观察变项 40% 的变异,则说明该题项具有很高的贡献。若题项因子载荷大于 0.55,即该因素可以解释观察变项 30% 的变异,则说明该题项具有较好的贡献(邱皓政等,2009)。由表 5-4 可见,5 因素各题项载荷均大于 0.55,大部分题项载荷在 0.71 左右,说明五因素模型下各题项均具有良好的构念效度。

(二)积极职涯高原量表的信度分析

信度即测量结果的可靠性、稳定性或一致性水平(邱皓政,2009)。反映的是各个题项所能代表构念维度的程度,或者说是测量结果免受误差所影响的程度。测量的误差越大,则实际测量的观察分值与理论构念的真实分值差距就越大,那么测量结果的随机波动就越大,信度就越低。反之,信度就越高。信度越高,说明构念的稳定性、可靠性、内部一致性就越高(陈晓萍等,2008)。关于信度系数大小的标准,吴明隆(2003)在综合以往学界观点的基础上,指出社会科学领域含有不同构面的量表,总量表信度最好在 0.8 以上,分层面即各构面信度必须在 0.6 以上才可以接受。信度包括复本信度、重测信度以及内部一致性信度(罗胜强等,2014)。本研究对积极职涯高原 5 因子进行构面信度分析,主要使用内部一致性信度分析,考察各个因子下题项的同质性水平(德威利斯,2004),其结果如下:

对推己及人因子进行构面信度分析,如表 5-5 所示,推己及人构面信度 0.83,说明构面具有内部一致性。另外,通过题项之间的相关性系数来判定题项与潜在构念的相关程度(德威利斯,2004)发现,各个题项相关系数除 PCP49 外,均在 0.6 左右,说明相关程度较高。PCP49 与 PCP43 以及 PCP46 两个项目间相关低于 0.3,并且修正后项与总计相关小于 0.5[①],可以考虑是否需要将 PCP49 进行删除,然而发现删除 PCP49 后推己及人构面信度,比之前有所提升,但影响并不是很大,并且包含 PCP49 题项的 cronbach's a 系数 0.83,内部一致性很高,故接受此结果,考虑保留 PCP49 题项。

表 5-5　推己及人构面信度分析(N＝263)

项间相关性矩阵							修正后项与总计相关	Alpha	删项后 Alpha
PCP43	PCP46	PCP47	PCP48	PCP49	PCP44				
PCP43	1.00						.64	.83	.80
PCP46	.60	1.00					.71		.79
PCP47	.60	.61	1.00				.74		.78
PCP48	.51	.59	.60	1.00			.67		.79
PCP49	.24	.28	.37	.35	1.00		.36		.87
PCP44	.53	.62	.62	.49	.22	1.00	.64		.80

注:cronbach's a＞0.7;项目间相关＞0.3;修正后项与总计相关＞0.5

---

①　Hair 等(2009)认为评估构念信度的题项间相关系数应该大于 0.3,修正后项目与总计相关系数应该大于 0.5,否则应该剔除该项目。(参见 Hair,J. F.,Black,W. C.,Babin,B. J. Multivariate Data Analysis[M]. Prentice Hall,2009.)

对己立立人因子进行构面信度分析,如表 5-6 所示,己立立人构面信度 0.86,说明构面具有内部一致性。通过项目间相关及修正后项与总计相关结果来看,项目间相关均大于 0.3,修正后项与总计相关大于 0.5,删项后 a 系数小于删项前系数,因此己立立人构面包含 5 个项目,且项目间相关性较高,一致性较强。

表 5-6　己立立人构面信度分析(N=263)

项间相关性矩阵						修正后项与总计相关	Alpha	删项后Alpha
PCP34	PCP35	PCP37	PCP38	PCP39				
PCP34	1.00					.67	.86	.83
PCP35	.55	1.00				.70		.82
PCP37	.59	.60	1.00			.71		.82
PCP38	.54	.62	.53	1.00		.66		.83
PCP39	.52	.50	.55	.48	1.00	.63		.84

注:cronbach's a>0.7;项目间相关>0.3;修正后项与总计相关>0.5

接着,对持续学习因子进行构面信度分析,如表 5-7 所示,持续学习构面信度 0.79,项目间相关均大于 0.3,修正后项与总计相关大于 0.5,且删除项后 a 系数均减小,说明持续学习具有高的内部一致性。

表 5-7　持续学习构面信度分析(N=263)

项间相关性矩阵					修正后项与总计相关	Alpha	删项后Alpha
PCP13	PCP14	PCP17	PCP18				
PCP13	1.00				.58	.79	.75
PCP14	.59	1.00			.67		.71
PCP17	.42	.49	1.00		.58		.76
PCP18	.42	.52	.51	1.00	.59		.75

注:cronbach's a>0.7;项目间相关>0.3;修正后项与总计相关>0.5

对目标规划因子进行构面信度分析,如表 5-8 所示,目标规划构面信度 0.83,项目间相关均大于 0.3,修正后项与总计相关大于 0.5,且删除项后 a 系数均减小,说明持续学习具有较高的内部一致性。

表 5-8　目标规划构面信度分析（N＝263）

项间相关性矩阵				修正后项与总计相关	Alpha	删项后 Alpha
PCP1	PCP2	PCP7				
PCP1	1.00			.69	.83	.77
PCP2	.64	1.00		.70		.75
PCP7	.60	.62	1.00	.68		.78

注：cronbach's a＞0.7；项目间相关＞0.3；修正后项与总计相关＞0.5

　　对知足惜福因子进行构面信度分析，如表 5-9 所示，知足惜福构面信度 0.69，项目间相关均大于 0.3，修正后项与总计相关中，PCP66 项目小于 0.5，并且发现删除该项后，知足惜福构面信度为 0.71，比之前有所提升。然而，结果显示删除 PCP66 并不能大幅提高知足惜福构面的可靠性，并且对于新开发的量表 0.69，是可以接受的，故暂不考虑删除 PCP66。

表 5-9　知足惜福构面信度分析（N＝263）

项间相关性矩阵				修正后项与总计相关	Alpha	删项后 Alpha
PCP66	PCP68	PCP70				
PCP66	1.00			.44	.69	.71
PCP68	.42	1.00		.57		.51
PCP70	.36	.55	1.00	.52		.58

注：cronbach's a＞0.7；项目间相关＞0.3；修正后项与总计相关＞0.5

（三）积极职涯高原量表的收敛与区别效度分析

　　所谓的收敛效度又称聚合效度代表相同构念下测量的相关程度很高，而区分效度指的是不同构念下测量的相关程度很低（罗胜强等，2014）。在对积极职涯高原 5 因素进行构面分析后，再分别计算 5 个因素构面收敛效度 AVE，以及构面之间的相关和区别效度，从而判断 5 因子下题项的测量是否能够正确代表其背后潜在的变量。如表 5-10 所示，积极职涯高原 5 个因子构面收敛效度分别为 0.49、0.52、0.51、0.59 以及 0.47，除推己及人和知足惜福构面小于 0.5 外，其他三个构面的 AVE 值均大于 0.5。然而推己及人和知足惜福两个构面的 AVE 依然处于 0.36—0.5 之间，为可接受门槛（Fornell et al.，1981）。因此，说明 5 因素内部题项相关较高，构面对题项的解释能力较好，5 因素均具有较好的收敛效度。

此外,5 因素之间的相关系数显著,且均小于 0.7,说明 5 因素构面之间有区别。结合与对角线 AVE 开根号值(构面内题目的平均相关)的比较,发现 5 因素构念内平均相关系数均高于构面间的相关系数,进一步说明了积极职涯高原 5 因素具有良好的区别效度。

表 5-10　积极职涯高原构面信度、收敛效度以及区别效度(N=263)

构面	统计量		信度	收敛效度	相关与区别效度				
	均值	标准差	a	AVE	1	2	3	4	5
meanTJ	5.50	.87	.83	.49	**.70**				
meanJL	5.74	.73	.86	.52	.56	**.72**			
meanCX	6.08	.72	.79	.51	.48	.49	**.71**		
meanMG	5.83	.86	.83	.59	.40	.50	.49	**.77**	
meanZX	6.14	.69	.69	.47	.31	.45	.47	.55	**.68**

注:对角线粗体字为 AVE 开根号值,下三角为构面均值之皮尔森相关。TJ、JL、CX、MG、ZX 分别代表推己及人、己立立人、持续学习、目标规划和知足惜福。

(四)积极职涯高原量表的验证性因子分析

验证性因子分析不同于之前的探索性因子分析,探索性因子分析里首先构念是不明确的,其次哪个题项对应于哪个构念也不明确。而验证性因子分析是已经确定了构面,主要目的是验证题项与其背后对应构念的关系,因此验证性因子分析也不存在题项之间的交叉载荷(罗胜强等,2014)。本研究使用随机分组的第二组数据(见表 5-11),对积极职涯高原量表进行验证性因子分析,以考察五因子各题项与其背后看不见的潜在构念之间的关系,从而检验积极职涯高原 5 因子的结构效度。

表 5-11　验证性因子分析样本分布(N=361)

分组名称	组别	频次	有效百分比(%)
性别	女	157	43.5
	男	204	56.5

续表

分组名称	组别	频次	有效百分比（%）
年龄	20—29 岁	66	18.3
	30—39 岁	224	62
	40—49 岁	61	16.9
	50 岁及以上	10	2.8
婚姻	未婚	44	12.2
	已婚	306	84.8
	离异	11	3
学历	普高/中专/技校/职高	7	1.9
	专科	41	11.4
	本科	272	75.6
	硕士及以上	40	11.1
单位性质	国有企业	113	31.3
	民营企业	180	49.9
	外资企业	34	9.4
	行政/事业单位	34	9.4
管理职级	普通员工	44	12.2
	基层管理者	154	42.7
	中层管理者	149	41.3
	高层管理者	14	3.8
工作任期	2 年及以下	31	8.6
	3—5 年	134	37.1
	6—9 年	96	26.6
	10 年及以上	100	27.7

由上表可见，被试人群主要来自国有、民营及外资企业的管理层，发放问卷370 份，收回有效问卷 361 份，其中男性 204 人、女性 157 人，占比分别为 56.5% 和

43.5%;20—29岁年龄段66人,占比18.3%,30—39岁年龄段224人,占比62%,40—49岁年龄段61人,占比16.9%,50岁以上年龄段10人,占比2.8%;婚姻结构上,已婚占比最高,306人,占比84.8%;单位性质结构上,国有企业113人,占比31.3%,民营企业180人,占比49.9%,外资企业和行政/事业单位均为34人,各占9.4%;职级结构上,样本主要集中于中层管理者和基层管理者群体,其中中层管理者149人,占比41.3%,基层管理者154人,占比42.7%;工作任期上,3—5年段134人,占比37.1%,6年及以上共计196人,占比54.3%。

对积极职涯高原测量模型进行验证性分析发现,五因素各构面题项标准化因子载荷基本都在0.7左右,根据因子载荷,删除因子负荷低于0.5的题项PCP49和PCP37后,发现SMC基本上均大于0.36(见图5-1),所以各个构面具有内部一致性。

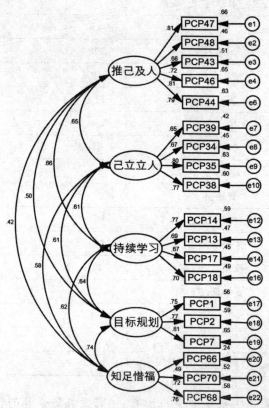

图5-1 积极职涯高原一阶五因素模型

由于五因素之间存在中度相关,那么有没有可能积极职涯高原也是一个一阶单因素或者二阶单因素结构模型呢? 因此本研究对积极职涯高原一阶五因素、一阶单因素和二阶单因素模型进行比较,从而确定积极职涯高原的最佳模型。积极职涯高原一阶五因素模型、一阶单因素和二阶单因素模型分别如图 5-1、图 5-2 和图 5-3所示。

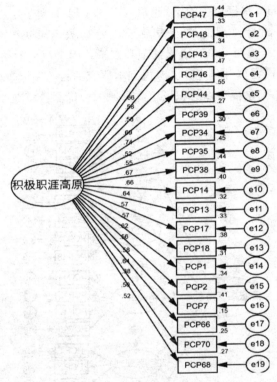

图 5-2　积极职涯高原一阶单因素模型

根据卡方、自由度、RMSEA、CFI、TLI、GFI、AGFI 等[①]指标的比较来选择积极职涯高原的最优测量模型。结合表 5-12,发现一阶单因素模型(RMSEA = 0.125＞0.08)拟合效果很差。而一阶五因素和二阶单因素模型拟合效果较好,两

---

① 根据 Jackson 和 Gillaspy(2009)大多数 SEM 研究在模型配适度方面,为了克服不同指标的限制常用指标有卡方、自由度、RMSEA、CFI、TLI、GFI、AGFI 等,很少报告 P-Value。(参见 Jackson, D. L., Gil-laspy, Jr. J. A., Purc-Stephenson, R. Reporting Practices in Confirmatory Factor Analysis: an Overview and some Recommendations. [J]. Psychological Methods, 2009, 14(1): 6.)

个模型的卡方值与自由度的比值分别为 2.141 和 2.366 均小于 3,通常来说卡方与自由度的比值在大于 1 的前提下,越小说明拟合越好(蓝石,2011)。另外,一阶五因素和二阶单因素拟合优度指数 GFI 分别为 0.918 和 0.881,调整后的拟合优度指数 AGFI 分别为 0.890 和 0.881,均大于 0.8,说明两个模型拟合都比较好。并且,两个模型正态化拟合指数 NFI 分别为 0.906 和 0.892、比较拟合指数 CFI 分别为 0.947 和 0.934,根据相关规定,通常 NFI 和 CFI 等大于 0.8[①],说明模型拟合较好。最后,两个测量模型的均方根渐近误差指数 RMSEA 分别为 0.056 和 0.062,均小于 0.08,说明一阶五因素模型和二阶单因素模型的被测模型与饱和模型的误差值很低,模型拟合程度好。考虑到本研究的目的和测量模型的简化需要,本研究接受二阶单因素模型作为积极职涯高原的最优测量模型。

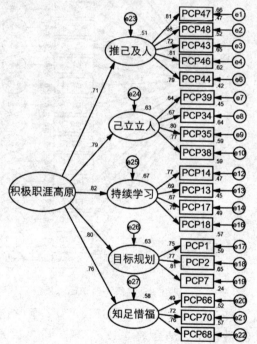

图 5-3　积极职涯高原二阶单因素模型

---

①　根据 Baumgartner 和 Homburg(1996)对全球顶级期刊 SEM 论文的回顾发现,GFI、AGFI、TLI 和 CFI 等配适度指标小于 0.9(认为模型拟合较好)的比例区间为 24%—48%,并指出只要以上配适度指标在 0.8 以上则说明模型拟合较好,RMSEA 指标只要小于 0.08 则说明模型拟合较好。(参见 Baumgartner,H.,Homburg,C. Applications of Structural Equation Modeling in Marketing and Consumer Research:A review [J]. International Journal of Research in Marketing, 1996, 13(2):139-161.)

因此,积极职涯高原量表的构建效度得以验证和支持,积极职涯高原测量模型为二阶单因素模型,包括 5 个维度即推己及人、己立立人、持续学习、目标规划与知足惜福。

表 5-12　积极职涯高原测量模型验证性因子分析结果

模型			TLI	RMSEA	CFI	模型比较检验		
						模型比较	Δx^2	Δdf
1. 一阶五因子模型 （基准模型）	303.987	142	2.141	0.056	0.906			
2. 一阶单因素模型	1053.073	152	6.928	0.128	0.674	2 vs.1	749.086***	10
3. 二阶单因素模型	347.817	147	2.366	0.062	0.892	3 vs.1	43.830***	5

注:一阶五因子:即基准模型,包括推己及人、己立立人、持续学习、目标规划与知足惜福五个因子;一阶单因素即将五因子全部合并为一个因子;二阶单因素是在基准模型基础上增加二阶积极职涯高原因子,所以称为二阶单因素模型。从模型拟合情况来看,一阶五因子模型和二阶单因素模型拟合都较好,相差不大,为了研究需要,本研究选择二阶单因素模型作为最优模型。

第四节　积极职涯高原量表的人口统计特征

一、积极职涯高原量表的测量学指标分析

（一）积极职涯高原量表的题项鉴别力分析

题项鉴别力反映的是测验的题项能够真实反映所测量构念特质的程度。积极职涯高原量表的鉴别力主要评价的是 5 因子各题项的区分度,高的区分度意味着问卷具有高水平的鉴别力。通过对各因子进行加总,并进行高低分组,然后对高低分组的不同题项进行独立样本 T 检定。如表 5-13 所示,积极职涯高原量表 19 个题项的高分组和低分组在平均数上存在差异,并且 P 值显著(P<0.001),说明每一个题项均具有鉴别力。

表 5-13　积极职涯高原量表题项高低分析差异分析(N=361)

题项	分组	个案数	均值	标准差	P 值
PCP43	高分组	105	4.070	1.094	.000
	低分组	135	6.130	.608	
PCP44	高分组	105	4.780	.832	.000
	低分组	135	6.490	.558	
PCP46	高分组	105	4.510	.911	.000
	低分组	135	6.240	.589	
PCP47	高分组	105	4.460	.910	.000
	低分组	135	6.410	.523	
PCP48	高分组	105	4.550	.820	.000
	低分组	135	6.300	.536	
PCP34	高分组	97	4.860	.804	.000
	低分组	113	6.510	.502	
PCP35	高分组	97	5.000	.612	.000
	低分组	113	6.640	.519	
PCP38	高分组	97	5.060	.704	.000
	低分组	113	6.680	.487	
PCP39	高分组	97	4.630	.882	.000
	低分组	113	6.260	.531	
PCP13	高分组	107	5.210	.911	.000
	低分组	135	6.670	.516	
PCP14	高分组	107	4.930	.832	.000
	低分组	135	6.750	.436	
PCP17	高分组	107	5.500	.915	.000
	低分组	135	6.760	.460	

续表

题项	分组	个案数	均值	标准差	P值
PCP18	高分组	107	5.200	.840	.000
	低分组	135	6.700	.490	
PCP1	高分组	105	4.800	.914	.000
	低分组	132	6.600	.507	
PCP2	高分组	105	4.860	1.060	.000
	低分组	132	6.590	.509	
PCP7	高分组	105	4.770	.869	.000
	低分组	132	6.570	.497	
PCP66	高分组	113	5.030	1.030	.000
	低分组	112	6.700	.462	
PCP68	高分组	113	5.360	.768	.000
	低分组	112	6.790	.406	
PCP70	高分组	113	5.560	.681	.000
	低分组	112	6.880	.332	

（二）积极职涯高原量表的信、效度分析

Fornell 和 Larcker(1981)指出在检验结构模型之前,必须使测量模型具有良好的信效度水平,并提出使用组成信度(Composite Reliability 简称 CR)来检验构面的内部一致性,使用平均方差萃取量(Average of Variance Extracted 简称 AVE)来检测构面的收敛效度,以及使用平均方差萃取量的平方根来检验构面的区别效度[①]。如表 5-14、表 5-15 所示:

[①]　根据 Fornell 和 Larcker(1981)的观点,CR 的临界值为 0.7,越高代表构面指标的内部一致性越高,越稳定;AVE 的理想值为 0.5,临界值为 0.36—0.5,越高说明构面的收敛效度越好。(参见 Fornell,C.,Larcker,D. F. Evaluating Structural Equation Models with Unobservable Variables and Measurement Error [J]. Journal of Marketing Research,1981,18(1):39-50.)

表 5-14　积极职涯高原量表题目、组成信度及收敛效度（N＝361）

构面	项目	参数显著性估计				题目信度		组成信度	收敛效度
		Unstd.	S. E.	z-value	P	Std.	SMC	CR	AVE
推己及人	PCP48	.793	.059	13.444	＊＊＊	.678	.460	.874	.583
	PCP43	.978	.068	14.386	＊＊＊	.716	.513		
	PCP46	.947	.057	16.742	＊＊＊	.809	.654		
	PCP44	.891	.054	16.380	＊＊＊	.795	.632		
	PCP47	1.000			＊＊＊	.811	.658		
己立立人	PCP39	1.000				.646	.417	.813	.523
	PCP34	1.027	.098	10.523	＊＊＊	.668	.446		
	PCP35	1.084	.091	11.930	＊＊＊	.795	.632		
	PCP38	1.081	.092	11.705	＊＊＊	.771	.594		
持续学习	PCP14	1.000				.770	.593	.801	.502
	PCP13	.830	.068	12.238	＊＊＊	.685	.469		
	PCP17	.754	.063	12.024	＊＊＊	.673	.453		
	PCP18	.844	.067	12.516	＊＊＊	.701	.491		
目标规划	PCP1	1.000				.751	.564	.819	.602
	PCP2	1.057	.078	13.561	＊＊＊	.767	.588		
	PCP7	1.073	.076	14.125	＊＊＊	.808	.653		
知足惜福	PCP66	1.000				.490	.240	.700	.446
	PCP70	1.116	.139	8.030	＊＊＊	.720	.518		
	PCP68	1.256	.154	8.152	＊＊＊	.761	.579		

注：根据 SEM 报表整理、计算得出。

积极职涯高原 5 构面下题项的因子载荷基本均在 0.6—0.8 之间，因子载荷的平方即 SMC 基本均在 0.4 以上，说明各构面题目具有信度。另外，各构面的组成信度 CR 值均大于 0.7，说明构面指标的内部一致性很高，具有高稳定性。各构面的 AVE 均在 0.5 及以上，大于 AVE 的临界值 0.36，所以积极职涯高原各构面下指标变量的变异被潜在构面所解释的百分比均达到标准，说明积极职涯高原量表具有较高的信度和收敛效度。由表 5-15 可见,黑体数字为构面内题项之间的相关系数,下方为构面之间的相关系数,构面内题项的平均相关基本上均高于构面之间的相关,说明积极职涯高原测量模型具有区别效度。

表 5-15　积极职涯高原各构面区别效度(N＝361)

构面	收敛效度	相关与区别效度				
	AVE	推己及人	己立立人	持续学习	目标规划	知足惜福
推己及人	.565	**.752**				
己立立人	.523	.653	**.723**			
持续学习	.502	.656	.610	**.709**		
目标规划	.602	.496	.612	.639	**.776**	
知足惜福	.446	.416	.582	.615	.735	**.668**

注:对角线为 AVE 开根号值,下方为皮尔斯相关系数

二、积极职涯高原的人口统计特征分析

(一)人口统计特征方面的相关性分析

对不同人口统计特征下积极职涯高原及各维度相关性水平进行分析,如表 5-16 所示,年龄与推己及人、持续学习、目标规划之间呈显著的负相关关系,相关系数分别为－0.171、－0.179、－0.108,即随着年龄的增加推己及人、持续学习以及目标规划水平逐渐下降。也就是说,相对于年长者,年轻高原员工会更多规划自己的职业目标,并保持积极的学习状态,在与他人关系的处理上会更多地为他人考虑,即推己及人水平更高。而在己立立人方面,相比年轻员工,年长高原员工的己立立人水平更高,也就是说,年长者扮演指导者角色或主动帮助他人的水平较高。以上结果可能的解释是年长员工由于阅历深、资历高、经验丰富,所以在组织中具有一定的权威性,会倾向于更多的指导行为。然而也正因为这种权威性,以及年长者固有知识陈旧等原因,降低了其对知识、技术革新的敏感性以及缓冲了人力资源竞争的压力,所以相较年轻员工,年长者持续学习和目标规划的水平更低。在知足惜福和积极职涯高原整体水平方面,年龄不具有显著相关性。

工作年限和工作任期分别与推己及人和持续学习呈负相关,而工作任期与己立立人呈正相关。可能的解释是,工作任期越长,职涯高原对相关结果的负面影响

越小(Chao，1990)。也就是说工作任期长的高原员工，相对表现出更为积极的态度和行为。因为工作任期长的员工，在组织中无论是个人工作经验还是拥有的资源往往都更丰富，所以更倾向于指导行为。然而这一结果在工作年限上却没有得到印证，根据数据分析结果发现，工作年限越长的员工推己及人以及持续学习水平越低。

表 5-16　不同人口统计特征在积极职涯高原及各维度上的相关性水平(N=361)

变量	年龄	工作年限	工作任期	推己及人	己立立人	持续学习	目标规划	知足惜福	积极高原
年龄	1								
工作年限	.671＊＊	1							
工作任期	.566＊＊	.342＊＊	1						
推己及人	−.171＊＊	−.135＊	.059	1					
己立立人	.106＊	.023	.133＊	.538＊＊	1				
持续学习	−.179＊＊	−.117＊	−.027	.535＊＊	.480＊＊	1			
目标规划	−.108＊	−.062	.023	.414＊＊	.502＊＊	.510＊＊	1		
知足惜福	.045	.072	.051	.334＊＊	.400＊＊	.474＊＊	.551＊＊	1	
积极高原	−.091	−.065	.062	.759＊＊	.762＊＊	.783＊＊	.792＊＊	.706＊＊	1

注:显著性水平(双尾)＊ p<0.05，＊＊ p<0.01

(二)人口统计特征方面的差异性分析

首先，使用独立样本 T 检定考察性别对积极职涯高原及其各维度均值的影响是否存在显著性统计差异。

结果如表 5-17 所示，男女性别对积极职涯高原及各维度均值的影响不存在显著差异，因为|t|<1.96，P>0.05，所以男女性别上，推己及人、己立立人、持续学习、目标规划、知足惜福以及积极职涯高原的均值不存在显著差异，说明性别变量并不能影响积极职涯高原及各维度因素的表现和结果。

表 5-17　积极职涯高原及各维度的性别差异(N=361)

变量	M	SD	t	df	p
推己及人			−1.028	359	.304
女	5.46	.906			
男	5.55	.785			

续表

变量	M	SD	t	df	p
己立立人			−.273	359	.785
女	5.75	.701			
男	5.77	.689			
持续学习			−.763	359	.446
女	6.04	.754			
男	6.10	.665			
目标规划			.104	359	.917
女	5.83	.851			
男	5.83	.820			
知足惜福			1.301	359	.194
女	6.13	.674			
男	6.04	.638			
积极职涯高原			−.230	359	.818
女	5.84	.599			
男	5.86	.544			

注:男性 204 人,女性 157 人

　　其次,使用单因素 ANOVA 检验考察婚姻、学历、单位性质、管理职级对积极职涯高原及其各维度均值的影响是否存在显著性统计差异,结果如表 5-18 所示。

　　婚姻对积极职涯高原及各维度均值影响的方差分析发现,未婚与已婚员工在己立立人水平上存在显著差异,相对于未婚,已婚员工己立立人水平更高,也就是说已婚比未婚员工帮助他人、指导他人的行为倾向更多;此外,未婚和已婚员工都与离异员工在推己及人水平上存在显著差异,相对于离异,未婚或已婚员工的推己及人水平更高,也就说未婚或已婚比离异员工具有更多地为他人考虑的倾向。对于以上统计结果,可能的解释是样本数据中离异人员较少(一般两组样本量最大差距应该控制在 4 倍以内),可能会影响统计结果。另外的解释可能是离异者由于婚姻关系的失败往往会影响其情绪和人际关系的表现。

　　学历对积极职涯高原及各维度均值影响的方差分析发现,各个学历层次均不存在显著差异。单位性质对积极职涯高原及各维度均值影响的方差分析发现,国有企业相对于行政/事业单位在己立立人上水平更低,也就是说行政/事业单位比国有企业员工具有更多的指导他人、帮助他人的行为倾向;并且行政/事业单位相对于民营企业员工,也具有更多的推己及人,即为他人考虑的态度和行为倾向。

　　管理职级对积极职涯高原及各维度均值影响的方差分析发现,相较于普通员工,基层、中层和高层管理者的持续学习水平更高;并且相对于普通员工,基层管理者、中层管理者和高层管理者的己立立人水平也更高。可能的解释是管理者掌握组织更多的资源和能力,具有相应的权威性,正如著名的组织行为学者罗宾斯所言"管理就是与别人一起,通过别人使活动完成的更有效的过程"(罗宾斯,1997)。所以管理者帮助他人、成就他人的行为倾向会比普通员工更多。另外,本研究还发现一个有趣的现象,相对于基层和高层管理者,中层管理者己立立人的水平更高。这一现象的可能解释是,一方面中层管理者往往大多处于职业高原期,所以将工作的重心更多放在培训和扶植下级方面;另一方面,中层管理者作为组织中上传下达的中间环节,往往扮演着更多的"服务者"角色,所以展现出更多的己立立人行为。在目标规划行为水平上,相对于普通员工,高层管理者的目标规划水平更高,这与其工作性质和特征有关,高层管理者更多扮演的是战略目标和决策的制定者,所以具有更多的目标规划行为,而普通员工作为执行者更多是目标的落实和实施行为。在整体积极职涯高原水平上,相对于普通员工,中层和高层管理者的积极职涯高原水平更高。

表 5-18　人口统计特征变量在积极职涯高原均值上的单因素 ANOVA 分析

变量	组别		推己及人		己立立人		持续学习		目标规划		知足惜福		积极高原	
	I	J	(I-J)M	p	(I-J)M	p	(I-J)M	p	(I-J)M	p	(I-J)M	p	(I-J)M	p
婚姻	未婚	已婚	.026	.982	−.380 *	.003	.036	.951	−.103	.745	−.233	.086	−.131	.355
	未婚	离异	.773 *	.023	.034	.989	.392	.257	.265	.640	−.061	.963	.281	.337
	已婚	离异	.747 *	.015	.414	.141	.356	.258	.368	.355	.173	.688	.412	.060
学历	高中及以下	大专	.172	.968	−.145	.967	−.307	.767	.064	.998	−.084	.992	−.060	.995
	高中及以下	本科	.059	.998	−.052	.998	−.211	.893	−.124	.985	.035	.999	−.059	.995
	高中及以下	硕士及以上	−.292	.866	−.296	.778	−.262	.844	−.311	.838	−.038	.999	−.240	.782
	大专	本科	−.113	.884	.092	.887	.097	.880	−.188	.605	.119	.757	.001	1.000
	大专	硕士及以上	−.464	.102	−.152	.806	.046	.993	−.375	.245	.046	.992	−.180	.560
	本科	硕士及以上	−.351	.106	−.244	.226	−.051	.981	−.187	.618	−.073	.932	−.181	.309

续表

变量	组别		推己及人		己立立人		持续学习		目标规划		知足惜福		积极高原	
	I	J	(I-J)M	p	(I-J)M	p	(I-J)M	p	(I-J)M	p	(I-J)M	p	(I-J)M	p
单位性质	国有企业	行政/事业单位	−.411	.096	−.387*	.042	−.250	.350	−.184	.735	−.206	.456	−.288	.081
	国有企业	民营企业	.093	.833	−.047	.955	−.085	.800	−.127	.655	−.128	.447	−.059	.861
	国有企业	外资企业	.019	1.000	−.034	.996	−.118	.866	−.115	.918	−.265	.231	−.103	.834
	民营企业	行政/事业单位	−.504*	.016	−.340	.075	−.165	.665	.057	.988	.078	.937	−.229	.198
	民营企业	外资企业	−.074	.973	.013	1.000	−.033	.996	.069	.990	−.059	.987	−.044	.982
	外资企业	行政/事业单位	−.429	.211	−.353	.216	−.132	.896	−.069	.990	.059	.987	−.185	.610
管理职级	普通员工	基层管理者	−.195	.604	−.287	.101	−.349*	.036	−.215	.506	−.237	.209	−.257	.064
	普通员工	中层管理者	−.325	.165	−.523*	.000	−.397*	.012	−.300	.213	−.284	.091	−.366*	.002
	普通员工	高层管理者	−.261	.793	−.727*	.006	−.654*	.025	−.774*	.026	−.492	.108	−.582*	.009
	基层管理者	中层管理者	−.130	.609	−.236*	.026	−.048	.947	−.085	.848	−.047	.940	−.109	.403
	基层管理者	高层管理者	−.066	.994	−.440	.139	−.305	.479	−.558	.119	−.255	.576	−.325	.224
	中层管理者	高层管理者	.064	.995	.236*	.026	−.257	.625	−.473	.240	−.208	.726	−.216	.588

* 表示在 $P<0.05$ 水平上显著。

第六章 积极职涯高原影响因素及形成机制验证

Ference(1977)指出职涯高原是个体不可避免的一种职涯现象,并从绩效结果上将职涯高原划分为有效高原和无效高原,组织中那些高绩效的高原员工为有效高原员工,并认为组织中大部分员工都属于有效高原员工。积极职涯高原和有效高原实质上是过程与结果的关系,"积极"是态度和行为上的表现,而"有效"则是结果上的反映。本研究主要关注的是积极职涯高原的状态和过程,即高原员工积极的态度和行为是什么? 以及为什么会产生这样的积极态度和行为?

前文通过扎根理论已经探讨了积极职涯高原及其影响机制的理论模型,并对积极职涯高原概念维度进行了探索性和验证性因子分析。本章将进一步运用实证研究方法对影响积极职涯高原的因素及机制进行验证。基于扎根理论构建的积极职涯高原及影响机制理论模型显示主管支持、家庭支持会通过自我肯定影响积极职涯高原。那么,这些因素对积极职涯高原的影响程度如何? 为何会产生这样的影响? 自我肯定到底是一个什么样的过程? 自我肯定通过什么样的途径来实现对积极职涯高原的影响? 是否如理论所言,现实中自我肯定的过程可以解释积极职涯高原影响的机制? 本研究将围绕以上问题进行进一步的论证和解释。

第一节 理论与假设

一、主管支持对积极职涯高原的影响

组织支持被定义为员工在组织中感受到组织关心其福利、重视其贡献的程度。组织支持会通过影响员工对组织的承诺,增加员工对组织的情感依恋等来鼓舞和激励员工做出更好的表现(如更多的组织承诺、工作卷入、工作绩效、组织公民行为等)(Eisenberger et al.，1986)。

组织支持是基于社会交换理论提出来的,社会交换强调的是交换双方在互惠和自愿的基本原则下,一方对另一方的行为或服务受到其对对方回报期待与评价的驱动(Blau,1964)。基于社会交换理论,Shore 和 Tetrick(1991)认为组织对员工的支持有助于增加员工对组织的承诺与依恋,从而产生更多的工作卷入。而这一切都是由员工对组织的贡献与组织给予的报酬之间的公平交换引起的。基于以上理论,可以将员工与组织之间的关系视为一种交换关系,即组织向员工提供支持(物质、情感、信息等),来换取员工对组织的积极态度和行为(如工作投入、利他行为、工作满意等)。由此可见,组织支持是一种自上而下的、组织对员工的承诺(Eisenberger et al.，1986),一旦组织尊重并重视员工的个人贡献,能够关心员工的福利,便会换来员工积极的工作行为表现。

从组织支持的来源,可以将组织支持分为狭义的组织支持、主管支持和同事支持。然而,管理实践中,员工往往根据与其产生直接互惠关系的人的行为,如直接主管,作为评判组织支持的"指示器"。主管支持是员工所感知的主管关心其福利,重视其贡献的程度(Kottke et al.，1988)。

主管支持对积极职涯高原有着怎样的影响? 有研究指出主管支持在职涯高原与工作投入、工作满意等工作态度和行为变量之间起着部分中介作用(Gerpott et al.，1987)。也就是说高原员工由于感知的主管支持度低,所以在工作投入、满意度等态度和行为变量上偏向于消极的一面。而作为反例,Ettington(1992)发现成功的职涯高原管理者会感受到更多的主管支持及工作挑战性,成功职涯高原即那些高绩效、高工作和生活满意的高原员工(Ettington,1993,1998)。成功职涯高原与 Ference(1977)的"有效高原"殊途同归,都是从结果上去定义和划分高原员工,目的是区分"有效"和"无效"、"低绩效"和"高绩效"、"成功"和"不成功"的高原员工。如上文所述,这与本研究的积极职涯高原其实是一体两面,积极职涯高原是态度和行为上的表现,而成功职涯高原则是结果上的反映。由此,Ettington(1992)的成功职涯高原者的特征(更多的主管支持感受)可以理解为,更多的主管支持促进高原员工积极的工作态度和行为,由此获得高的工作绩效和工作满意度,使其成为成功的高原员工。

这一推理被 Ettington(1998)的研究所证实,该研究发现相比缺乏支持的高原员工,那些获得更多主管支持的高原员工会更有效的完成工作。从社会交换理论的视角可以解释以上现象,即当高原员工感知到的组织和主管支持减少时,便会产生互惠的不平衡状态,此时高原员工会感受到缺乏组织的支持和组织的不公平对待,由此导致其消极的态度和行为反应(Yang et al.,2018)。反之,假如高原员工感知的主管支持越多,便会重新产生互惠的平衡状态,从而表现出积极的工作态度和行为。如有研究指出领导—成员交换理论强调领导会给予员工更多的自我展示以及职涯发展的机会,从而缓解下属职涯高原的压力,并激励高原员工的进取精神以及责任承担的意识等(曾垂凯,2011)。由此可见,主管或者领导支持不仅有助于缓解高原员工的压力,而且对其积极的态度和行为有着正面的影响。

基于以上论述,本研究提出以下假设:

H1:主管支持对积极职涯高原具有显著促进作用。

二、家庭支持对积极职涯高原的影响

从社会支持视角来看,家庭支持属于社会支持的来源之一,是个体得到来自家庭的功能性支持,包括情感性支持(关怀、安慰、尊重等)、工具性支持(物质、金钱等方面的支援)以及信息性支持(建议、信息的提供等)(Kuo-ChangWang 王国川等,2014)。从工作—家庭关系的视角来看,家庭支持是工作—家庭关系研究由冲突到平衡再到促进转向过程中的一环。家庭支持是工作—家庭促进的一个方面,即个体从家庭领域获得有利于工作的各种支持(李永鑫等,2009),是家庭角色的经历促进工作生活质量提升的一种增益性动力。所以说,家庭支持侧重于家庭领域资源的获取对个体工作领域的积极影响(Wayne et al.,2006)。家庭支持可以通过两种途径实现,一种是工具性路径,即当个体从家庭领域获取诸如技能、观点等资源时会直接促进工作领域的绩效;一种是情感性路径,即个体从家庭领域产生的积极情感(包括积极情绪、态度等)反过来会促进个体工作领域的积极状态(警觉性、工作热情、精力充沛等)(Pettit et al.,2001)。

大量研究论证了家庭支持对个体工作的积极态度、行为的影响。如有研究指出,家庭支持可以缓解工作—家庭冲突,减少员工的离职倾向(李永鑫等,2009;孙中伟等,2019)增加员工的工作满意度,减少工作超载、角色冲突和模糊性(King et al.,1995)。来自家庭的支持,无论是情感性还是工具性的支持都会有助于缓解个体的工作压力,从而产生积极的工作态度和行为(如工作满意度、职业成功以及身心健康等)(Karatepe et al.,2007)。尤其工具性家庭支持随着情感性家庭支持水平的提升而逐渐增强,表现为更强的家庭凝聚力,而家庭凝聚力在个体工作、事务中具有拓展效应(Edelman et al.,2016)。可见个体从家庭领域获取的资源往往能够促使其产生主动性工作行为,主要原因是家庭支持使个体能够感受到更多的关爱、尊重与理解,促进个体身心健康的维护以及主管幸福感的提升(崔红霞等，2013)，能够把更多的时间用于工作中知识和技能的学习与成长，有助于个体工作和家庭职责的履行。

回顾以往研究，鲜有家庭支持与职涯高原关系的研究。然而结合以上论述，不难发现家庭支持同样具有对职涯高原员工态度和行为产生积极影响的重要潜质。根据前文职涯高原压力模型(见第一章)，个体遭遇高原压力并不一定会产生消极的态度和行为，而是在对自己所拥有的资源进行综合评估后，做出态度和行为上的选择。来自家庭的支持往往会缓解个体的高原压力，从而为积极应对和建设性行为提供潜在的能量。

基于以上论述，本研究提出以下假设：

H2：家庭支持对积极职涯高原具有显著的促进作用。

三、自我肯定的实现过程与中介机制

Steele(1988)假定每个人都存在一套自我系统从根本上解释了我们和我们周围的世界，这种持续的解释，目的是为了维持一个合乎道德的、有能力的、良好的、连贯的、稳定的、对结果有控制力的自我概念和自我形象。这个过程也是一个自我肯定的过程，经由个体自我完整性(Self-Integrity)感知到的威胁而激活，通过解释、合理化或行动直到自我完整性恢复为止(Steele，1988)。由此可见，自我肯定的目的就是为了维护自我完整性，即自我是良好的，有能力的，符合社会道德的，有控制力的。一旦个体"良好"的自我形象遭遇威胁，便会通过以下两种途径进行恢复，一种是通过潜意识的应激性防御反应，如否认、逃避来直接降低威胁；另一种是通过自我肯定，即自我肯定其他方面的优势(如积极的价值观、积极的个人品质或其他方面的能力)来弥补缺陷，从而使自我系统恢复平衡(Steele，1988)。

应激性防御常常会引发负向情绪，如焦虑、紧张、抑郁等(李世峰等，2020)，某种程度上使自我得以暂时性保护的应激性防御会歪曲信息，使个体失去从威胁中获得重要知识的机会，丧失了自我提升的可能性，甚至会导致人际关系的破裂(石伟等，2009)。而自我肯定往往使个体能够以更为开放、客观的心态和方式来看待自我、接受和处理威胁信息，并从中获得学习，以提升和保护自我(高丽，2014)。

那么自我肯定是如何实现的？自我肯定主要通过自尊、自我概念以及积极情绪来发挥作用。因为威胁会降低个人的自尊感，而自我肯定则通过提升个人的自尊感来减少应激性防御反应。肯定个人的价值和能力能够提升个体对事物的解释水平，增强自我调节和控制的能力(自我效能)，确保自我概念的清晰性。而这个过程中由于个体能够更为开放的、公正的评价威胁信息，所以更容易体验到积极情

绪,而非焦虑、紧张等负面情绪(何垚等,2012)。作为自我系统(自我概念)或自我
完整性的一部分(心理自我),自我效能是减少防御性反应、应对威胁的关键所在
(Bandura,1977)。自我效能是个体结合环境刺激或威胁以及自身所拥有的资源、
知识、技能和能力的认知与评判的基础上形成的,自我效能不是能力本身,而是个
体在对自身所拥有和可利用的资源、知识、能力评判基础上的一种能够完成任务或
活动能力的信心和自我信念(郭本禹等,2008),而这种信心和信念又进一步促进
了个人的自尊感。

结合自我肯定理论和班杜拉的三元交互模式及自我效能理论构建职涯高原个
体自我肯定过程模型(见图6-1),图中E代表环境的刺激或者威胁,P代表主体内
在因素、B代表行为。自我完整性或自我系统是环境、主体内在因素及行动交互下
的产物。当个体在组织环境中遭遇职涯高原,即面临晋升停滞、工作内容缺乏挑战
性等外部环境或条件的刺激时,个体感受到自我完整性受到威胁,从而唤醒个体的
自我肯定过程:即高原个体通过积极肯定个体其他方面的优势,比如来自主管和家
庭的支持性资源,工作特征或工作技能的娴熟与掌握、对组织的贡献等优势,来肯
定自我价值的存在,即感知组织自尊,从而产生相应的价值体验(郭靖等,2015),
以维护个体的自我完整性。或者结合职涯高原具体情境和威胁,通过个人所拥有
的资源、技能和能力,对个体具有"能做什么"的能力进行评价,从而决定相应的行
为产生和目标达成(郭本禹等,2008),维护个体的自我完整性。由此可见组织自
尊和自我效能是个体遭遇职涯高原后,自我完整性维护的基本路径和实现过程。

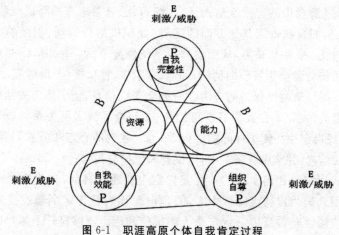

图6-1 职涯高原个体自我肯定过程
来源:根据自我肯定理论及三元交互模式设计

　　本研究中主要探寻基于自尊的自我肯定路径。通过组织自尊路径的自我肯定过程是如何链接和整合个体资源，从而使职涯高原个体表现出积极的态度和行为。

　　组织自尊是个体对自身在组织中存在的价值、意义以及对组织影响力的评价。组织自尊主要来源于三个不同方面，即组织结构、人际关系和组织文化、个人的能力和效能感（Pierce et al.，2004）。本研究偏向于人际关系领域组织自尊感的获得。如有研究从人际关系和组织文化的视角提出影响组织自尊的因素主要包括：信任关系、支持、领导—成员关系等（Pierce et al.，2004）。Pierce 等（1989）发现管理者对员工的尊重显著解释了组织自尊的变异。与高层管理者的关系越近，获得越多的领导支持和奖励，个体越能够感受到被尊重和重视，并且价值和能力也能更多地被给予肯定和承认。因而，可以说高层管理者的支持显著地增强了个体的组织自尊感（汪林等，2010）。此外，有研究发现谦卑型领导往往给予下属更多的领导支持，为其创造更多的机会和条件去发挥个人潜能，从而显著预测了个体的组织自尊感（唐汉瑛等，2015）。由此可见领导支持对组织自尊也有着显著的正向影响，领导对员工的关心与重视，积极影响着员工对其在组织中地位和位置的判断，从而激发出员工高水平的组织自尊感（张永军，2015）。除以上领导类型所决定的领导支持影响组织自尊外，还有研究发现主管支持对组织自尊有着显著的正向影响，例如主管为员工提供职涯发展方面的建议、更多的培训机会或者情感方面的支持都会使员工将自己作为组织的重要资产，从而增强员工的组织自尊感。

　　组织自尊除了得益于主管支持，家庭支持同样也不容忽视。越来越多的研究开始关注到家庭资源在应对工作和家庭压力方面的贡献，家庭方面的支持有助于个体平衡工作—家庭职责，促进个体积极的工作态度和行为，并使个体能够将更多的精力投入工作，发挥个人能力，赢得组织的尊重和认可（Hammer et al.，2013）。尤其在技术革新加快的背景下，个体赢得组织尊重，被认可，离不开个人知识的更新和能力的创新。有研究指出创新个体在很大程度上受到家庭支持的影响，家庭的支持为个体提供了良好情感依靠，有助于个体身心健康、情绪愉悦，从而促进其创新水平的提升（马灿等，2020）。家庭与工作不可分割，组织自尊不仅仅源自于工作环境中的肯定与认可，更依赖于家庭资源的支持与辅助。

　　一旦个体获得了组织自尊感，又会对个体的工作态度和行为产生积极的影响，如组织承诺、工作绩效、工作满意度和组织公民行为的提升等（Pierce et al.，1989；Gardner et al.，1998；Pierce et al.，2004）。此外，还有研究发现组织自尊对个体职业成长产生积极的影响，即高组织自尊的个体更加看重职业前景和职业预期，所以倾向于重视目标规划和持续学习，以使个体具有更大的发展空间（郭功星等）。

另外也有研究发现高组织自尊感对员工个人的前瞻性行为具有积极的影响(林叶等,2016),而前瞻性行为的重要维度之一便是目标规划,关注目标的寻求和实现(Bindl et al.,2012)。另外组织自尊同样对员工关系和工作满意产生积极的影响。如有研究指出组织自尊显著预测了个体的主动性行为,如积极的社会关系网络、主动的助人行为、学习行为等(朱瑜等,2014)。总之,当个体的组织自尊感越强,越倾向于积极的态度和行为,如目标规划、持续学习、帮助他人、良好的关系建设、满足感等。正如前文所述,这些态度和行为也是积极职涯高原的基本特征和属性,因此可以推断组织自尊对积极职涯高原具有显著的影响和作用。

基于以上论述,本研究提出以下假设:

H3:主管支持对组织自尊具有显著的促进作用。

H4:家庭支持对组织自尊具有显著的促进作用。

H5:组织自尊对积极职涯高原具有显著的促进作用。

H6:组织自尊在主管支持与积极职涯高原之间起着中介作用。

H7:组织自尊在家庭支持与积极职涯高原之间起着中介作用。

当个体感受的主管支持、家庭支持越多,组织自尊感就会大幅提升,从而影响和促进个体积极的职涯高原行为。然而,这一过程也会受到职涯高原压力情景的制约。根据职涯高原压力模型[①],当个体遭遇层级或内容高原压力时,会对自身所拥有的资源和能力进行评估(如感知的组织支持、家庭支持等),从而做出相应的态度和行为反应。个体拥有的资源和能力以及自尊,即便有助于工作的积极开展,但高原压力的情景影响仍不容忽视。不同高原压力水平下的个体,即使拥有同样多的资源和能力水平,表现的态度和行为亦会有所不同。资源和能力仅仅代表了高原个体能做以及可以做什么,而高原压力水平则代表了个体行动的情境性条件和限制。

根据以往研究,职涯高原与工作任期往往是不可分割的一对概念,早先研究通常将工作任期作为职涯高原的主要指标,如 Stout(1988)、Slocum 等(1985)等均将在组织中工作任期超出 5 年的员工定义为高原员工,尽管 Chao(1990)提出了职涯高原的主观测量方式,但是 Chao 依然认为工作任期在职涯高原研究中是一个不可忽略的因素。可见职涯高原与工作任期往往犹如硬币的两面,一面是客观的现实面,一面是内在的主观面。现实亦如此,对于组织的新进及工作任期短的员工来说,往往对晋升抱有理想色彩,对于组织、工作充满好奇和新鲜感。所以脱离工作任期,个体往往很难有层级高原或内容高原的感知。因此,本研究认为考量职涯高

---

① 见第一章第三节职涯高原压力模型部分。

原的情景因素,应该将工作任期考虑在内,而不是作为两个分割的因素,去分别考虑。从统计意义上来说,应该从职涯高原和工作任期的交互项去考虑其作为情境性因素对积极职涯高原生成过程及机制的影响与制约。

为此本研究提出以下假设:

H8:工作任期与职涯高原的交互项[①]在主管支持与积极职涯高原之间起着调节作用。

H9:工作任期与职涯高原的交互项在主管支持与组织自尊之间起着调节作用。

综上所述,本研究模型框架如图 6-2 所示:

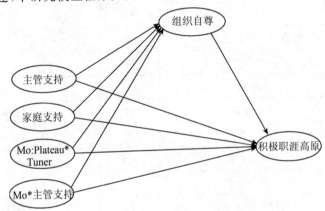

图 6-2　本研究理论模型

第二节　研究设计与方法

一、数据收集与统计

本次被试对象为管理者,主要包括国有企业、民营企业和外资企业以及行政/事业单位等不同类型的机构和组织。采用随机抽样共发放问卷 280 份,通过甄别题和选项过于集中等失真标准,剔除无效问卷 40 份,最后共录入有效问卷 240 份,

①　本研究中工作任期与职涯高原的交互项包括:工作任期 * 层级高原和工作任期 * 内容高原。

见表 6-1。

表 6-1　有效样本分布（N＝240）

分组名称	组别	频次	有效百分比（%）
性别	女	93	38.8
	男	147	61.2
年龄	20—29 岁	33	13.8
	30—39 岁	138	57.4
	40—49 岁	57	23.8
	50 岁及以上	12	5
学历	普高/中专/技校/职高	14	5.8
	专科	38	15.8
	本科	157	65.5
	硕士及以上	31	12.9
单位性质	国有企业	79	32.9
	民营企业	114	47.5
	外资企业	33	13.8
	行政/事业单位	14	5.8
管理职级	普通员工	30	12.5
	基层管理者	96	40
	中层管理者	100	41.7
	高层管理者	14	5.8
工作任期	2 年及以下	18	7.5
	3—5 年	74	30.8
	6—9 年	65	27.1
	10 年及以上	83	34.6

由上表可见，被试人群主要来自国有、民营及外资企业的管理层，其中男性147 人占比 61.2%，女性 93 人占比 38.8%；20—29 岁年龄段 33 人占比 13.8%，30—39 岁年龄段 138 人占比 57.4%，40—49 岁年龄段 57 人占比 23.8%，50 岁以

上年龄段 12 人占比 5%；单位性质结构上，国有企业 79 人占比 32.9%，民营企业 114 人占比 47.5%，外资企业 33 人占比 13.8%，行政/事业单位 14 人占比 5.8%；职级结构上，样本主要集中于中层管理者和基层管理者群体，其中中层管理者 100 人占比 41.7%，基层管理者 96 人占比 40%，高层管理者 14 人占比 5.8%；工作任期上，分布最多的是 10 年以上员工，83 人占比 34.6%，其次是 3—5 年 74 人占比 30.8，6—9 年 65 人占比 27.1%，2 年以下员工最少，仅 18 人占比 7.5%。

二、测量工具及信度检验

(一)积极职涯高原

积极职涯高原量表。采用本研究设计并经由探索性和验证性因子分析后得到的 5 因子 19 条目量表。其可靠性在之前研究中分别为：推己及人 0.872，己立立人 0.811，持续学习 0.799，目标规划 0.820，知足惜福 0.668，整体信度为 0.911。本次研究中各维度信度分别为：推己及人 0.889，己立立人 0.774，持续学习 0.803，目标规划 0.719，知足惜福 0.601[①]，整体信度为 0.829。

(二)主管支持

主管支持量表。采用 Eisenberger 等(1997)的 5 条目量表，条目如"我的主管愿意倾听我工作中遇到的问题"等。经过验证性因子分析，删除 2 条目，保留 3 条目 POS1"我的主管愿意倾听我工作中遇到的问题"、POS4"如果我犯了无心之过，我的主管会原谅我"、POS5"当我遇到困难时，我的主管愿意帮助我"，本研究 3 条目主管支持量表信度为 0.743。

(三)家庭支持

家庭支持量表。改编自王国川等(2014)家庭支持量表，经过验证性因子分析后保留 4 条目量表，条目如"我的家人会对我工作上的问题提供不同的意见和看法"等。本研究中该量表信度为 0.860。

(四)组织自尊

组织自尊量表。采用唐汉瑛和龙立荣(2019)4 条目量表，条目如"我对我们公

[①]　根据吴明隆(2003)观点，对于含有不同构面的量表，一般情况下总量表信度最好在 0.8 以上，分层面即各构面信度必须在 0.6 以上才可以接受。本研究为新编制的量表，无论是总量表信度还是各构面信度均达标。(参见吴明隆. SPSS 统计应用实务——问卷分析与应用统计[M]. 科学出版社，2003:109.)

司或单位很有价值"等。本研究中该量表信度为 0.803。

（五）职涯高原

职涯高原量表。采用谢宝国等（2008）编制内容高原和层级高原量表，条目如"我常常能接触到许多与工作有关的新鲜事物"等。本研究通过验证性因子分析剔除相关条目后共得到 2 因子 8 条目量表，其中层级高原信度 0.741，内容高原信度 0.884。

三、数据分析方法

本研究主要运用 AMOS24.0 和 SPSS23.0 对相关数据进行统计分析。分析流程如下：首先使用 SPSS23.0 对家庭支持和主管支持与积极职涯高原及相关变量进行相关分析，判断变量之间相关是否显著。其次使用 AMOS24.0 对组织自尊在主管支持、家庭支持与积极职涯高原之间的中介效果进行分析与检验。最后使用 SPSS23.0 对职涯高原的调节效果进行分析与检验。

第三节　分析与结果

一、各变量的独立样本 T 检定

首先使用 SPSS23.0 对工作内容高原和层级高原根据 27、73 百分位数进行高低分组，目的是检验主管支持、家庭支持、组织自尊以及积极职涯高原在高低分组上是否存在显著差异。之所以检验不同变量在职涯高原高低分组上的差异，是由本研究的主题所决定的，本研究所探讨的是不同职涯高原状态下，个体积极工作的态度和行为内涵及决定机制。所以有必要考察在不同高原水平①下个体在不同变量上的差异性。

由表 6-2 可见，积极职涯高原、感知的组织自尊、感知的家庭支持在内容高原和层级高原高低分组上均存在显著差异。感知的主管支持在层级高原高低分组上

---

① 根据 Chao(1990) 的观点，职涯高原已经不再被简单的划分为高原或者非高原，而是采用 Likert 量表来考察个体高原的程度或水平。这也印证了 Ference(1977) 的观念，即职涯高原是每一个个体都不可回避的职涯现象。所以个体只存在职涯高原程度的高低差别，而不是进行"是"与"否"的划分。

差异显著,在内容高原高低分组上差异不显著。可能的解释是内容高原员工更倾向于特定工作方面的主管支持,如工作学习、培训、岗位轮换等,而不是一般性的支持,所以对一般性的主管支持不够敏感。

以上结果为考察不同职涯高原水平下,主管支持、家庭支持对积极职涯高原有何影响,为何影响以及在多大程度上影响,提供了思考的情景或范围。

表 6-2　各变量高低分组的独立样本 T 检定

变量	JCP 分组	个案数	M	SD	P	HP 分组	个案数	M	SD	P
PCP	Low	65	6.1	.488	.003	Low	89	6.37	.376	.000
	High	72	5.8	.662		High	73	5.41	.504	
PSS	Low	65	5.91	.698	.084	Low	89	6.03	.698	.000
	High	72	5.66	.979		High	73	5.09	.972	
OSE	Low	65	5.81	.509	.000	Low	89	6.05	.559	.000
	High	72	5.33	.918		High	73	4.9	.755	
PFS	Low	65	5.85	.781	.011	Low	89	6.07	.754	.000
	High	72	5.43	1.058		High	73	4.98	1.054	

注:JCP 分组代表按照内容高原 27、73 百分位数进行高低分组,HP 代表按照层级高原 27、73 百分位数进行高低分组。PCP 代表积极职涯高原,PSS 代表感知的组织支持,OSE 代表组织自尊,PFS 代表感知的家庭支持(下同)。

二、各变量相关分析

由表 6-3 可见各个变量间存在显著相关关系:其中,主管支持、家庭支持以及组织自尊与积极职涯高原存在显著正相关,而工作内容高原和层级高原与积极职涯高原呈显著负相关。另外,主管支持与家庭支持以及组织自尊之间也呈显著正相关关系。以上结果为进一步回归分析提供了基本条件。

表 6-3　主要变量描述性统计与相关分析

变量	PCP	PSS	OSE	PFS	JCP	HP	M	SD
PCP	1						5.9	0.573
PSS	.531 * *	1					5.62	0.859
OSE	.547 * *	.461 * *	1				5.52	0.777

续表

变量	PCP	PSS	OSE	PFS	JCP	HP	M	SD
PFS	.540＊＊	.432＊＊	.330＊＊	1			5.59	0.953
JCP	−.239＊＊	−.108	−.248＊＊	−.177＊＊	1		4.05	1.437
HP	−.684＊＊	−.428＊＊	−.591＊＊	−.415＊＊	.370＊＊	1	2.3	0.945
Tuner	−.014	−.114	.001	−.199＊＊	.295＊＊	1	8.57	6.194

注：＊代表 P＜0.05，＊＊代表 P＜0.01，＊＊＊代表 P＜0.001(双尾)(下同)。

三、主管、家庭支持对积极职涯高原的回归分析

控制年龄和工作职级后,对家庭支持、主管支持与积极职涯高原进行结构方程建模,分析结果如图 6-3 所示,模型各项拟合指标均达到标准(RMSEA＝0.059＜0.08,$\chi 2/df＝1.83＜3$,CFI、TLI 等均达到 0.9 以上),说明模型拟合良好。结果显示主管支持和家庭支持对积极职涯高原回归标准化系数显著,分别为:β 主管支持＝0.562(P＜0.001),β 家庭支持＝0.298(P＜0.001)。主管支持和家庭支持一共解释了积极职涯高原 56.3％的变异(SMC＝0.563)。因此假设 1 和假设 2 均成立,即家庭支持和主管支持分别对积极职涯高原产生显著的正向影响。

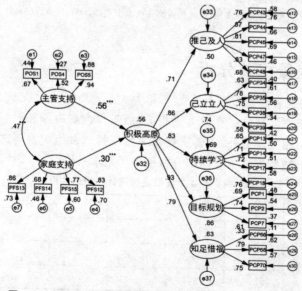

图 6-3 主管支持与家庭支持对积极职涯高原的回归模型

四、组织自尊的中介作用分析

如图 6-4 所示,加入中介变量后,模型拟合良好(RMSEA＝0.06＜0.08,卡方/自由度＝1.87＜3,GFI、TLI、CFI 等均达到 0.8 以上)。结果发现主管支持对组织自尊具有显著正向影响,$\beta_{主管支持 \to 组织自尊}$＝0.508(P＜0.001),并且组织自尊对积极职涯高原也具有显著正向影响,$\beta_{组织自尊 \to 积极高原}$＝0.358(P＜0.001)。说明组织自尊在主管支持和积极职涯高原之间具有发挥中介作用的可能。根据温忠麟等(2014)的观点,使用 Bootstrap(自助抽样 5000 次)在 95％的置信水平下,结果如表 6-4 所示,组织自尊在主管支持和积极职涯高原之间起着部分中介作用,主管支持通过组织自尊影响积极职涯高原中介作用的 95％的置信区间是[0.099,0.313],间接效果为 0.182。另外,加入组织自尊后,主管支持对积极职涯高原的回归系数由原来的 0.562 变为 0.39,但是依然非常显著,并且主管支持对积极职涯高原的直接效应为 0.39。所以断定组织自尊在主管支持和积极职涯高原之间起着部分中介作用。家庭支持对积极职涯高原同样具有显著影响,$\beta_{家庭支持}$＝0.24(P＜0.001),然而,家庭支持对组织自尊影响不显著,所以组织自尊在家庭支持和积极高原之间不存在中介效应。由此,假设 3、5、6 均成立,假设 4 和 7 不成立。

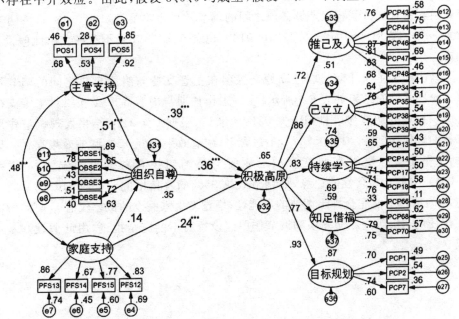

图 6-4　主管支持、家庭支持、组织自尊与积极职涯高原的关系模型

表 6-4　　组织自尊的中介效应结果

路径	效应	Boot SE	Z	P	Bias-Corrected 95%CI		Percentile 95%CI	
					Lower	Upper	Lower	Upper
组织支持→组织 自尊→积极高原	.182	.053	3.434	.000	.099	.313	.092	.299
家庭支持→组织 自尊→积极高原	—	—	—	—	—	—	—	—

注:在＊＊＊p＜0.001水平上显著。

五、工作任期与职涯高原交互项的调节作用分析

使用 SPSS23.0 对工作任期与职涯高原交互项的调节效应进行检验。

首先,对工作任期与职涯高原交互项在主管支持与积极职涯高原之间的调节效果进行检验。结果发现,工作任期与内容高原交互项在主管支持与积极职涯高原之间调节效果不显著(P＝0.675),经 Boostrap 自主抽样,该调节效果 95%的置信区间为[−0.073,0.112],包含 0,所以调节效果不存在;工作任期与层级高原的交互项在主管支持和积极职涯高原之间的调节效果也不显著(P＝0.129),该调节效果 95%的置信区间为[−0.122,0.016],包含 0,调节效果不存在。由此假设 8不成立。

其次检验工作任期与职涯高原交互项在主管支持与组织自尊之间的调节效果。阶层式回归结果如表 6-5 所示,发现工作任期与内容高原交互项对主管支持与组织自尊的调节显著性(P＝0.031＜0.05),根据 Boostrap 结果发现调节作用95%的置信区间[0.011,0.234],不包含零,调节效果为 0.122,调节效果存在。另外,工作任期与层级高原交互项对主管支持与组织自尊的调节显著性(P＝0.054),徘徊在显著性的边缘,该调节效果 95%的置信区间为[−0.163,0.002],包含 0,但是不能完全排除调节的可能性,毕竟发生零假设的概率仅有 5.4%,所以工作任期与层级高原交互项的调节作用假设暂时不能完全拒绝,由此假设 9 基本成立。

表 6-5　调节效果结果

因变量	自变量	Bootstrap 5000 Times						阶层式回归				
		coeff	se	t	p	LLCI	ULCI	R2-Chng	F	df1	df2	p
组织自尊	constant	−.009	.058	−.158	.875	−.124	.105					
	主管支持	.386	.064	6.042	0	.26	.513					
	TJCP	−.069	.062	−1.102	.272	−.192	.054					
	主管支持 * TJCP	.122	.056	2.172	.031	.011	.234	.015	4.716	1	233	.031
	THP	.134	.059	2.255	.025	.017	.251					
	主管支持 * THP	−.081	.042	−1.934	.054	−.163	.002	.012	3.741	1	233	.054
	家庭支持	.198	.063	3.135	.002	.074	.322					
	Both(X)							.022	3.569	2	233	.03

由以上结果,可以推断当工作任期与内容高原的交互项每增加 1 个单位,主管支持对组织自尊的影响效果增加 0.122 个单位。然而,这种情景性影响因素也是有一定条件的,并不是工作任期和内容高原交互项水平越高,主管支持对组织自尊的效果就越大。工作任期与内容高原交互项的情境性作用,同样取决于主管支持的水平。图 6-5 可以看到当主管支持较低或缺乏时,工作任期长、内容高原程度高的员工感知的组织自尊低于工作任期短、内容高原程度低的员工。而当主管支持增加,并达到一定水平后,工作任期越长,内容高原程度越高的员工,感知的组织自尊会高于任期短、内容高原程度低的员工,内容高原与工作任期交互项的正向调节作用开始发挥。

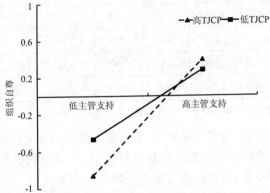

图 6-5　工作任期与内容高原交互项在主管支持与组织自尊间的调节效应

　　进一步对以上调节效果进行分析,由表 6-6 可见工作任期 * 内容高原与工作任期 * 层级高原不同取值情境下,主管支持对组织自尊的影响效果亦有不同。具体如下:当工作任期与内容高原和层级高原的交互项都为 0 的情况下,主管支持对组织自尊的影响效果为 0.416,即主管支持解释了组织自尊 41.6% 的变异。但是,当工作任期和内容高原交互项为 0,而工作任期与层级高原交互项增加 1 个标准差后,主管支持对组织自尊的影响效果为 0.330,即解释效果下降了 8.6%;而当工作任期与层级高原交互项为 0,工作任期与内容高原交互项增加一个标准差时,主管支持对组织自尊的影响效果为 0.543,即解释效果增加了 12.7%。由此可见,只要工作任期与内容高原水平增加,工作任期与层级高原水平下降,主管支持对组织自尊的解释效果就会增加。反之则下降。所以,可以推断两种情景:那些工作任期越长,对工作内容掌握程度越高的员工,会因为主管的支持,产生更高的组织自尊感;而对于层级高原程度越高,任期越长的员工,则恰好相反。

表 6-6　不同调节情境下主管支持对组织自尊的影响效果

变量关系	Boostrap 5000 times						
	TJCP	THP	Effect	se	t	p	LLCI	ULCI
主管支持→组织自尊	−1.037	−1.071	.376	.091	4.125	.000	.196	.555
	−1.037	.000	.289	.082	3.512	.001	.127	.451
	−1.037	1.071	.203	.096	2.105	.036	.013	.392
	.000	−1.071	.503	.080	6.259	.000	.344	.661
	.000	.000	.416	.063	6.614	.000	.292	.540
	.000	1.071	.330	.074	4.457	.000	.184	.475
	1.037	−1.071	.630	.107	5.887	.000	.419	.840
	1.037	.000	.543	.089	6.083	.000	.367	.719
	1.037	1.071	.457	.092	4.950	.000	.275	.638

注:TJCP=工作任期 * 内容高原;THP=工作任期 * 层级高原。

　　综上,积极职涯高原的理论框架、影响因素与路径经由实证研究得以验证。整个理论框架之所以能够很好地被经验数据所验证,是因为积极职涯高原从名称上尽管是一个全新的概念,但实际中又是一个符合现实的主题。本研究经由调研发现,现实中很多员工,尤其是工作任期长的员工尽管面临着职涯高原的现实问题,但他们在工作中无论是人我关系上的推己及人、己立立人，还是人事关系上的目标规划、持续学习，包括个人自我感悟方面的知足惜福等态度和行为上都表现出较高的积极水平。

为什么他们会表现出这些积极的态度和行为？本研究发现主管支持和家庭支持在很大程度上解释了积极职涯高原的变异。并且这种影响通过组织自尊发挥作用，即个体感知的组织自尊水平在主管支持、家庭支持和积极职涯高原之间起着部分中介作用。陈然，本研究不能详尽所有影响积极职涯高原的因素和机理，但是家庭支持、主管支持以及由此产生的被尊重、被认可的自我存在感知，是个体积极职涯高原不可忽视的因素。

另外，本研究发现，积极职涯高原的发生过程是受特定情境影响的，并不是所有高原员工都可以在相同的主管支持、家庭支持条件下，表现出相似的积极职涯高原水平。工作任期和层级高原以及工作任期与内容高原的交互项在职涯高原的发生过程中起着一定的调节作用。相对于任期长、层级高原程度高的员工，任期越长、内容高原程度越高的员工往往感受到的组织自尊水平更高，从而表现出的积极职涯高原水平也更高。这一发现与结果有别于以往职涯高原研究悲观的论调，但同时也有助于启发未来对该现象的进一步探究与挖掘。

第七章　结论与展望

本章将对以上整个研究过程及结果进行总结,并归纳研究的创新点。结合研究结论阐释其对职业生涯相关理论及实践的启示,最后对本研究的局限与不足以及未来可能的研究方向进行讨论。

第一节　研究结论

本研究基于对社会现实的审视、系统的文献探讨而提出问题、构建理论框架,并运用经验数据对理论进行验证。具体来说,职涯高原是个体职业生涯发展过程中不可忽视的现象,其提出者 Ference(1977)一再强调职涯高原是不可避免的职涯现象。对于职涯高原,尽管社会实践领域工作者以及社会科学领域研究者会有不同的体认和观念,但是对于职涯高原现象是不容置疑的,更不能用一个时髦或过时的词汇来形容。对于这一观点,Machado(2016)也给予了印证,并强调职涯高原并不是一个过时的话题。尤其在亚洲国家,职业生涯规划观念与市场尚未成熟和健全,越来越多的员工在其职业生涯的早期就面临着"高原"的困境。Taniguchi 和 Kato(2006)也印证了这一事实,并针对亚洲群体尤其是日本职业界现状,提出职涯漂流模型(Career Drift)。

基于以上背景,研究者借助 Histcite、Ucinet、Pajek、Bibexcel、SPSS 等工具对国内外职涯高原领域经典文献进行了科学挖掘与聚类分析,并在此基础上进行全面、系统的综述,以及结合对现实的观察、访谈、个人职涯经验等,提出积极职涯高原的命题。本研究的观点主要体现在以下几个方面:

一、积极职涯高原是个具有因果机制的动态过程

本研究第 4 章基于扎根理论方法论和方法,主要回答了什么是积极职涯高原,积极职涯高原具体表现在哪些方面？受哪些因素的影响,影响的机制又是什么？

通过对访谈文字稿进行逐句、逐行、逐段编码,逐渐浮现出积极职涯高原的概念和范畴,将开放编码浮现的 266 个代码通过不断比较,抽象缩减为 26 个范畴。并根据编码典范进一步确定 8 个主范畴之间的关系。最后通过撰写故事线,发现积极职涯高原影响因素与机制这一核心范畴。

积极职涯高原是一个包含自我关系、人我关系、人事关系多维面向的概念体系。其中自我关系涉及个体如何面对自己,主要包括知足惜福主范畴；人我关系涉及个体如何处理与工作事务的关系,主要包括目标规划和持续学习主范畴。由此,积极职涯高原由目标规划、持续学习、推己及人、己立立人以及知足惜福等 5 个态度和行为面向构成。并且积极职涯高原受到来自主管和家庭支持的影响。研究发现职涯高原个体通过家庭支持和主管支持获得自我肯定,即组织自尊,从而表现出以上积极的职涯高原态度和行为,所以组织自尊构成积极职涯高原形成机制。

二、积极职涯高原量表是具有信效度的测量工具

为进一步对积极职涯高原概念及其维度进行验证,本研究结合相关文献和专家访谈,设计积极职涯高原量表。初始量表包括 5 维度 73 题,采用 7 点 Likert 量表的测量模式进行测量。利用 Credamo 数据平台,先后 3 次对国有企业、民营企业、外资及行政事业单位管理层进行随机抽样,以对量表进行验证。

初测通过探索性因子分析删除因子负荷小、交叉负荷高,跑错构面条目共 50 项,得到 5 因子 23 题目积极职涯高原量表。结合积极职涯高原概念构想及因子题项数量,适当修改和增加题项,后得到 29 条目积极职涯高原量表,并进一步对该量表进行二测,通过探索性因子分析后,得出 5 因子 21 条目积极职涯高原量表。5因子主要包括：反映人我关系的推己及人与己立立人因子,反映人事关系的持续学习与目标规划因子,反映自我关系的知足惜福因子,以上因子与前期理论建构形成的维度基本一致。以上 5 因子具有良好信效度,推己及人 a=0.83,己立立人 a=0.86,持续学习 a=0.79,目标规划 a=0.83,知足惜福 a=0.69,并且 5 因子具有良好的区分效度和收敛效度。

为了进一步对 5 因子 21 条目量表进行验证,本研究三测通过验证性因子分析发现,积极职涯高原是一个包括 19 条目、5 因子的量表,各构面内部具有良好的内

部一致性。通过比较一阶五因子、一阶单因子以及二阶单因子模型,发现一阶五因子和二阶单因子模型均拟合良好(x^2df 均在 3 以内,RMSEA 均小于 0.08,GFI、CFI 等各项指标均在 0.9 左右),为了研究目的和后面实证研究的需要,本研究最后选择二阶单因素的积极职涯高原模型作为最优模型。由此,扎根理论形成的积极职涯高原概念及维度得到经验研究的检验与验证。

三、主管与家庭支持对积极职涯高原的显著影响

本研究通过主管支持、家庭支持对积极职涯高原回归的结果发现,主管支持和家庭支持对积极职涯高原具有显著的促进作用。尤其是主管支持,对积极职涯高原变异的解释最多达到 56%。由此可见职涯高原员工态度和行为是否积极,主管支持起着重要的决定性作用。这一结论也为主管支持对员工积极心理状态和行为的正向作用提供了进一步的支持。

另外家庭支持解释了积极职涯高原 30%的变异。由此可见,家庭方面的关心与支持是高原员工工作场所态度和行为的重要决定因素。随着技术革新和组织变革速度的加快,工作方式以及场所发生着巨大的改变,家庭与工作的距离越来越近。尤其 2020 年以来的世界性新冠疫情的影响,出现更多的家庭办公,这一趋势有可能在未来愈演愈烈。所以家庭支持对于职场的员工,尤其是职涯高原期员工的态度和行为将发挥更为重要的作用。

四、组织自尊在积极职涯高原影响中的中介作用

本研究发现组织自尊在主管支持和积极职涯高原之间起着部分中介作用,也就是说当高原个体感受到主管的支持后,其组织自尊感会显著提升,从而在工作和态度上表现出积极的状态。这一中介效果也进一步验证了自我肯定理论,即当高原个体遭遇晋升停滞或工作内容缺乏挑战性等刺激和威胁时,并不全是通过采取消极的防御性策略,选择逃避或者否认、歪曲威胁信息而获得暂时性的自我保护。而是通过承认个人其他方面的优势,如来自主管、家庭的关心与支持,或者个人其他方面的能力,来进行自我肯定(组织自尊的感知),从而采取更为开放的态度去面对威胁,并从中得到学习与成长。如高原员工在层级高原的威胁中更多体会到了知足惜福、己立立人、推己及人等积极的心理和行为状态。通过面对内容高原的威胁,在目标规划、持续学习等方面对威胁进行积极的应对,并以此为契机实现个人的成长与发展。

五、积极职涯高原影响过程中的情境性因素介入

本研究发现工作任期与内容高原交互项在主管支持与组织自尊之间起着积极的调节作用。也就是说工作任期越长、内容高原程度越高,主管支持对组织自尊的影响幅度就越大。这一结果表明,那些在组织中工作任期长的员工,因为已经完全掌握了已有的工作知识和技能,成为各个领域的专家,所以一旦获得主管的关心与支持,为他们提供更多发挥个人能力的资源和空间,他们就会更大程度地实现个人的价值和尊严,更多地为组织贡献自身的能力,其自尊感会较那些任期短、尚未完全掌握工作技能的员工更高。尽管工作任期与内容高原的交互项能够显著正向调节主管支持与组织自尊之间的关系,但是本研究也发现,这种关系并不是线性、连续的过程。当主管支持很少或者缺乏的时候,相对于工作任期短、内容高原程度低的员工,任期长、内容高原程度高的员工感知的组织自尊更少。其原因是任期越长、工作掌握程度越高的员工,往往对组织的期待、对被组织支持和承认的期待也会更高,一旦这种支持和被认可的期待落空,往往自尊心会受到极大的伤害,所以相对于那些任期短、内容高原程度低的员工来说,其组织自尊也会更低。

第二节　理论与实践的启示

本研究可能的理论与实践启示如下:

一、中国式积极职涯行为或态度领域研究的启示

中国文化源远流长,易经作为中国文化的源头活水,蕴藏了丰富的人生智慧和理性的处世逻辑。作为一部民族文化的瑰宝,现实中往往被忽略、误解,甚至作为文学或者哲学素材,而很少进入社会科学研究者的视域。所以易经中的卦爻模型思维很少被运用于社会科学领域的研究,尤其在组织行为、生涯发展领域更是罕见。

本研究的理论基础基于易经思维和先秦儒家哲学思想,并融汇于生涯发展领域,提出中国人生涯发展和行动逻辑的雏形。尽管未能详尽,但是作为生涯领域研究的新视角、新的思考范式,值得进一步深入探讨。

二、对职涯高原积极面研究的启示

本研究立足于经验、扎根现实,构建积极职涯高原理论框架,有助于学界对职涯高原有一个全新的认识。而不是将职涯高原作为一个消极的词汇,要么趋之若鹜地去解决职涯高原问题,而使该主题的研究呈现出一种方兴未艾的局面;要么因为无解或者不再时髦,而忽略了职涯高原问题的现实存在。本研究结果表明,积极职涯高原由推己及人、己立立人、持续学习、目标规划以及知足惜福五个维度构成。这一结论对未来研究的启示是:为什么积极职涯高原员工会在以上五个维度上有所体现? 那些职涯高原感知程度低的员工在以上维度上又有何表现? 另外,除组织自尊外,有没有其他的路径对积极职涯高原产生影响? 这些问题都将成为未来研究值得进一步思考和探讨的方向。

三、对企业人力资源管理界的启示

本研究积极职涯高原命题的提出、理论框架的建构、量表的开发以及经验研究的支撑,对企业人力资源管理实践具有以下启示:

首先,职涯高原认识上的根本性转变。积极职涯高原从理论和经验上再次验证了 Ference(1977)职涯高原概念的初衷之意,即职涯高原不是一个消极的词汇。而如何去做,才是个体所面临的重要问题。企业管理者尤其是人力资源管理者应该认识到职涯高原是组织中大部分员工不可避免的职涯现象。结合本研究的结果积极职涯高原员工主要表现在推己及人、己立立人、持续学习、目标规划、知足惜福等态度和行为方面,而这些方面又构成企业和谐与发展的重要因素和力量。因此,企业管理者应该高度重视和提倡积极职涯高原的认知和管理,而不是一刀切或将高原员工等同于组织的"无效员工"并逐渐将其边缘化。

其次,积极职涯高原员工的甄别与发现。本研究开发与验证的积极职涯高原量表,将有助于企业人力资源管理者识别和甄选积极的职涯高原员工,为积极职涯高原员工的福利、奖酬、培训等提供基本的工具和参考。

最后,积极职涯高原的生成过程、机制为人力资源的有效管理提供依据。本研究发现主管支持对积极职涯高原产生积极的促进作用,并且组织自尊在其中发挥了重要的中介作用。因此,企业人力资源管理者为了提升高原员工积极的态度和行为水平,应该加大组织的支持力度。尤其要尊重高原员工,承认他们在组织中的贡献和价值,从而使高原员工感知到更多的组织自尊感和存在感,能够自我肯定,表现出积极的态度和行为。如在组织中能够成己、成物,更多的推己及人、己立立人,并能够根据社会和组织的发展需要,及时规划和明确个人的职业目标,从而更好地实现个人及组织的目标,与此同时也使其成为一个懂得知足,学会珍惜的人。另外,本研究通过理论和经验数据验证了家庭支持对于积极职涯高原的重要影响。所以管理者应该重视员工工作—家庭关系的管理,从工作—家庭增益的视角去重新认识员工家庭因素在工作场所中所发挥的重要作用。所以组织要加大对员工家庭生活的关照,如灵活安排工作时间,给予员工家庭事务上的照顾,为员工家庭和子女良好的生活氛围、便捷的生活方式提供支持,从而使员工能够更好地履行工作和家庭的双重职责。获得家庭对员工个人工作及组织的信赖与支持,可以为高原员工更积极的工作态度和行为提供助益。

四、对个人职涯高原管理的启示

本研究结果同样对个人职涯高原管理提供参考。首先通过本研究,个体能够认识到职涯高原是常态,而如何面对职涯高原,所采取的态度和行为才是关键所在。根据本文所构建并验证的积极职涯高原概念及内涵,个体应该努力践行以下几个方面,以确保在职涯高原中保持一个积极的状态。即在处理个人与工作以及个人与他人关系时,要带有一颗"己所不欲勿施于人"的同理心。面对问题要学会站在他人的视角去思考,能够做到"所恶于上,毋以使下;所恶于下,毋以事上;所恶于前,毋以先后;所恶于后,毋以从前;所恶于右,毋以交于左[①]",从而以一颗忠恕之心,去成己、成物,即在成就事业、成就他人的同时,达成个人的发展和实现个人的自我价值。另外,个体要认识到职涯高原期同样也是一个学习的关键期,所以要树立和制定明确的职涯目标,把握和利用各种资源去学习新的知识和技能,从而能尽己之性、尽人之性、尽物之性,最后达成一种与天地同参、知足惜福的理想精神境界。

第三节　研究的局限与展望

一、本研究的局限

尽管本研究具有以上的创新与贡献,但是也存在以下不足,有待未来进一步改进:

---

① 　见《大学》第六章。

首先，本研究依据扎根理论所构建的积极职涯高原理论框架，尽管通过经验数据的验证，取得了良好的信、效度。但是从质性研究到量化研究这一过程，本属于两套不同的本体论和认识论体系，是否可以无障碍衔接，值得从方法论层面进一步思考。

其次，积极职涯高原量表是基于扎根理论结果和参考其他相关量表基础上形成的。本研究所采用的扎根理论是一套建构主义和符号互动论范式下的方法论和方法，而本文又更多偏向于建构论色彩，即认为理论是社会建构的产物，而建构难免受其中个体已有知识、经验、理论倾向的影响。所以在理论生成中虽然本研究出发点和过程中极力回避理论预设。然而，已有文化和理论作为一种心灵烙印，往往是个体难以规避的，因为它已经深深渗透于研究者个人的血脉之中。研究者的一言一行所呈现的符号都难以逃脱文化的印记。本研究感触最多的是，即便是在以科学、客观标榜的实证研究中，往往也存在大量的研究者主观或价值的判断。比如EFA过程中，因子命名、题项的选择与删除，其实并非单纯统计计算的结果，其过程往往掺杂研究者个人经验、理论的判断。因此，对于以上问题的困惑和局限有待以后进一步讨论和探究。

最后，本研究提出并验证了主管支持、家庭支持对积极职涯高原的积极影响，组织自尊起着部分中介作用。但是对于其他个人层面、工作层面的因素并未涉及，如工作特征是否会同样对积极职涯高原产生正向影响？自我效能是否同样可以在积极职涯高原的生成中发挥中介作用？并且自我效能是否会通过影响组织自尊而影响积极职涯高原，即主管支持、家庭支持与积极职涯高原之间是否存在一个链式中介？这些都有待于实证研究的进一步检验与验证。

二、未来展望

鉴于本研究存在的以上局限，未来研究可在以下几个方面进行进一步的深入探究：

首先，积极职涯高原量表，有待于进一步修正与完善。可以借鉴相关专家的意见或者已有文献，对量表题项进行进一步思考，然后通过大样本的调查数据对量表进行修正与进一步的完善。此外，还可以扩大量表的试测范围，比较不同领域个体在量表上的得分差异，检验量表的适用范围。

其次，对于积极职涯高原的影响因素与机制，有待进一步的挖掘。除了主管支持、家庭支持外，还有哪些因素会影响积极职涯高原，如前文提到的，工作特征的影响效果是否存在？自我效能的中介机制是否成立？自我效能与组织自尊是否发挥链式中介作用等，都有待于未来进一步检验与验证。

参考文献

一、著作类

[1]埃里克森.同一性:青少年与危机[M].杭州:浙江教育出版社,2000.

[2]埃里克森.童年与社会[M].北京:世界图书出版公司,2017.

[3]巴比.社会研究方法[M].北京:华夏出版社,2009.

[4]陈明德.易经与管理[M].上海:上海三联书店,2015.

[5]陈晓萍,沈伟.组织与管理研究的实证方法[M].北京:北京大学出版社,2008.

[6]陈晓萍,徐淑英,樊景立.组织与管理研究的实证方法[M].北京:北京大学出版社,2008.

[7]德威利斯.量表编制:理论与应用[M].重庆:重庆大学出版社,2004.

[8]杜保瑞.话说《周易》[M].济南:齐鲁书社,2017.

[9]范明林.质性研究[M].上海:格致出版社,2009.

[10]弗里克.质性研究导引[M].重庆:重庆大学出版社,2011.

[11]格林豪斯,卡拉南,戈德,等.职业生涯管理[M].北京:清华大学出版社,2006.

[12]郭本禹,姜飞月.自我效能理论及其应用[M].上海:上海教育出版社,2008.

[13]金树人.生涯咨询与辅导[M].北京:高等教育出版社,2007.

[14]卡麦兹.建构扎根理论:质性研究实践指南[M].重庆:重庆大学出版社,2009.

[15]卡麦滋.建构扎根理论[Z].台北市:五南图书出版公司,2009.

[16]科宾.质性研究的基础:形成扎根理论的程序与方法[M].重庆:重庆大学出版社,2015.

[17]克雷斯威尔.混合方法研究导论[M].北京:心理出版股份有限公司,2010.

[18]库恩.科学革命的结构[M].北京:北京大学出版社,2012.

[19]蓝石.现代社会科学研究中结构模型的拟合与建立[M].上海:华东师范大学出版社,2011.

[20]李宝元.职业生涯管理:原理·方法·实践[M].北京:北京师范大学出版社,2007.

[21]李淑珍.安身立命:现代华人公私领域的探索与重建[M].台北:联经出版事业公司,2013.

[22]林丽真.王弼[M].台北:东大图书公司,2008.

[23]林枚,李隽,曹晓丽.职业生涯开发与管理[M].北京:清华大学大学出版社,2010.

[24]刘君祖.新解论语[M].北京:中信出版社,2016.

[25]龙立荣,李晔.职业生涯管理[M].北京:中国纺织出版社,2003.

[26]龙立荣.职业生涯管理的结构及其关系研究[M].武汉:华中师范大学出版社,2002.

[27]陆益龙.定性社会研究方法[M].上海:商务印书馆,2011.

[28]罗宾斯.管理学[M].北京:中国人民大学出版社,1997.

[29]罗胜强,姜嬿.管理学调查问卷研究方法[M].重庆:重庆大学出版社,2014.

[30]闫建蜀.易经的领导智慧[M].上海:生活·读书·新知三联书店,2013.

[31]诺曼,邓津.定性研究:方法论基础[M].重庆:重庆大学出版社,2007.

[32]潘锦棠.劳动与职业社会学[M].北京:红旗出版社,1991.

[33]邱皓政,林碧芳.结构方程模型的原理与应用[M].北京:中国轻工业出版社,2009.

[34]邱皓政.量化研究与统计分析[M].重庆:重庆大学出版社,2009.

[35]瞿海源,毕恒达,刘长萱,等.社会及行为科学研究法:质性研究法[M].台北:台湾东华书局股份有限公司,2012.

[36]申荷永.心灵与境界[M].郑州:郑州大学出版社,2009.

[37]施特劳斯.质性研究概论[M].台北:巨流图书有限公司,2004.

[38]时蓉华.社会心理学[M].杭州:浙江教育出版社,1998.

[39]唐明邦.周易纵横录[M].武汉:湖北人民出版社,1986.

[40]童星，汪和建.劳动社会学[M].南京：南京大学出版社，2001.

[41]王守仁.智慧之门——传习录[M].郑州：中州古籍出版社，2004.

[42]吴芝仪，等.质性研究入门：扎根理论研究方法[M].嘉义：涛石文化，
    2001.

[43]吴芝仪，李奉儒.质性研究与评鉴[J].嘉义：涛石文化，2008.

[44]吴芝仪.生涯辅道与谘商：理论与实务[J].嘉义：涛石文化，2000.

[45]杨国枢，陆洛.中国人的自我：心理学的分析[Z].重庆：重庆大学出版
    社，2009.

[46]袁方，姚裕群.劳动社会学[M].北京：中国劳动社会保障出版社，2003.

[47]周文霞.职业生涯管理[M].上海：复旦大学出版社，2004.

二：论文类

（一）中文论文

[48]白光林，凌文辁，李国昊.职业高原结构维度与工作满意度、离职倾向的
    关系研究[J].科技进步与对策，2011(03):144-148.

[49]白光林，凌文辁，李国昊.职业高原与工作满意度、组织承诺、离职倾向
    关系研究[J].软科学，2011(02):108-111.

[50]白光林，王国栋.职业高原影响因素与离职倾向关系研究[J].人类工效
    学，2013(01):32-36.

[51]白光林.企业管理者职业高原对工作满意度与离职倾向的影响[J].暨南
    学报(哲学社会科学版)，2015(05):96-103.

[52]白光林.职业高原内容结构研究，中国江西南昌，2011[C].

[53]卜师霞.孔子忠恕思想的内涵[J].孔子研究，2007(05):4-8.

[54]曾垂凯.家长式领导与部属职涯高原：领导-成员关系的中介作用[J].管
    理世界，2011(05).

[55]陈斌岚，李跃军.地方高校青年教师职业高原现象及应对措施[J].黑龙
    江高教研究，2016(01):56-58.

[56]陈汉俊.职业生涯高原与不道德亲组织行为的关系：有调节的中介模型
    [D].浙江大学，2019.

[57]陈鸿飞，李爱梅，凌文辁.面对职业高原该怎么办[J].中国人力资源开
    发，2005(06):31-33.

（二）外文论文

[58] Arthur M. B. , Hall D. T. , Lawrence B. S. Handbook of career theory [M]. New York: Cambridge University Press, 1989.

[59] Rosenbaum J. E. Tournament Mobility: Career Patterns in a Corporation [J]. Administrative Science Quarterly, 1979, 24(2): 220-241.

[60] Warren E. K. , Ference, T. P. , Stoner J. A. F. Case of the plateaued performer[J]. Harvard Business Review, 1975, 53(1): 30-38.

[61] Ference T. P. , Stoner J. A. F. , Warren E. K. Managing the career plateau[J]. Academy of Management review, 1977, 2(4): 602-612.

[62] Yang W. N. , Johnson S, Niven K. "That's not what I signed up for!" A longitudinal investigation of the impact of unmet expectation and age in the relation between career plateau and job attitudes[J]. Journal of Vocational Behavior, 2018, 107: 71-85.

[63] Cha J. S, Park O. W. The Career Plateau and Organizational Commitment of R&D Professionals: Focusing on the Moderating Role of Age and Creative Behavior[J]. Journal of Technology Innovation, 2018, 26 (4): 122-145.

[64] Zhang Y. , Chung S. J. A Study of the Effect of Career Plateau on Turnover Intention: Focused on the Mediator Effect of Job Burnout and the Moderator Effect of Self-efficacy[J]. , 2018, 33: 595-630.

[65] De Clercq D. , Haq I. U. , Azeem M. U. , et al. How career plateau beliefs and leader interpersonal unfairness harm job performance in dysfunctional organizational settings[J]. Canadian Journal of Administrative Sciences/Revue Canadienne des Sciences de l'Administration, 2019.

[66] Yang W. N. , Niven K. , Johnson S. Career plateau: A review of 40 years of research [J]. Journal of Vocational Behavior, 2019, 110: 286-302.